中國哲學與懷德海

滄海叢刊

東海大學哲研所主編

1989

東大圖書公司印行

中國哲學與懷德海／東海大學哲研所主編

台北市：東大出版：三民總經銷，民78

〔7〕，197面：21公分（滄海叢刊）

ISBN 957-19-0012-5（平裝）

ISBN 957-19-0013-3（精裝）

1.懷德海（Whitehead, Alfred North, 1861-1947）-
學識一哲學 2.哲學一中國 I 、東海大學哲學研究所
主編

144.72/8734

© 中國哲學與懷德海

主　編　東海大學哲研所

發行人　劉仲文

出版者　東大圖書股份有限公司

總經銷　三民書局股份有限公司

印刷所　東大圖書股份有限公司
　　　　地址／臺北市重慶南路一段六十一號二樓
　　　　郵撥／〇一〇七一七五一〇號

初　版　中華民國七十八年九月

編　號　E 12062①

基本定價　肆元貳角

行政院新聞局登記證局版臺業字第〇一九七號

ISBN 957-19-0013-3

作者簡介

程石泉

美國華盛頓大學哲學博士。在美曾歷任匹資堡大學及賓州大學教授。國內歷任臺大及師大客座教授。現任東海大學榮譽講座兼哲學研究所所長。著作計有：《易學新探》（獲教育部學術獎）、《中西哲學比較論叢》、《哲學‧文化‧時代》、《中西文藝評論集》、《思想點滴》等等。程教授對於西洋哲學尤以希臘哲學最具心得，對於東方哲學、《易經》之研究與大乘佛學華嚴宗之闡揚最有貢獻。

沈清松

比利時魯汶大學哲學博士。現任國立政治大學哲學系教授兼系主任。著有：《解除事件魔咒——科技對文化的衝擊與展望》、《現代哲學論衡》、《物理之後》、《為現代文化把脈》及中、英、法論文四十餘篇。

鄔昆如

廣東龍川人，民國二十七年生。西德慕尼黑大學哲學博士。現任國立臺灣大學哲學系教授。著有：《西洋哲學史》（正中），《莊子與古希臘哲學中的道》（中華），《發展中的存在主義》（先知），《存在的童話》（先知），《存在主義論文集》（先知），《現象學論文集》（先知），《存在主義透視》（黎明），《存在主義真象》（幼獅）等書，共二百餘萬言。

傅佩榮

民國三十九年生，上海市人。學歷：輔大哲學系、臺大哲研所畢業，美國耶魯大學哲學博士。經歷：曾任比利時魯汶大學短期客座，講授儒家哲學；現任臺大哲學系副教授。

蔣年豐

臺灣省臺中縣人。臺大中文系學士，臺大哲學研究所肄業，美國普渡大學哲學博士。現任東海大學哲學系副教授。研究專長爲「政治哲學」、「存在主義」、「形上學」等。著有：〈從法國大革命到文化大革命——論沙特的政治心靈〉、〈體現與物化：從梅勞—龐帝的形體哲學看羅近溪與莊子的存有論〉等論文。其論文著作多見於《東海學報》、《中國文化月刊》、《鵝湖月刊》等。

鄺芷人

西德文斯特大學哲學博士。在西德期間從哲學家 F. Kaulbach 學習康德哲學及科學哲學，並從數學家 J. Dieler 學習數理邏輯，目前任教於臺中東海大學。主要工作及興趣爲邏輯學、科學方法論、知識論及倫理論。

陳榮波

民國三十六年出生於臺灣省宜蘭縣南方澳小鎮。臺大哲研所畢業，國家文學博士，曾任教於臺大、政大、輔大、文大等哲學系，東吳社會系。現任教於東海大學哲學研究所暨哲學系。著有：《禪海之筏》、《哲學分析的天才——維根斯坦》等書。

蘇景星

輔大哲學研究所碩士、中臺神學院道學碩士，目前就讀於東海大學哲學研究所博士班。歷任東海大學人文學科講師、哲學系講師、及中臺神學院兼任哲學助理副教授等職。論文著作有：〈齊克果的罪概念〉，及〈保羅・田力克的主要思想與中國傳統思想的對談〉（《哲學年刊》）等。譯有德國神學家 Koch, Kurt E. 所著《撒但的伎倆》一書。

鄭金川

　　民國五十三年生，筆名林中、鄭于飛，現就讀于東海大學哲學研究所碩士班，曾獲教育部青年研究發明獎研究著作獎，專攻美學，論文散見各學術雜誌，碩士論文為〈梅洛・龐蒂 (Merleau-Ponty) 的身體與美學研究〉。計劃完成「美學三書」，卽《易經美學》、《莊子美學》、《詩經美學》。

楊士毅

　　臺北市人，民國四十二年生。建國中學、中央大學物理系畢業，文化大學哲學博士。曾任教於中央大學，現任教於東吳大學、文化大學、世界新聞專科學校。

「理性主義」的精神。他深具哲學家直接觀照的才能，又身挾邏輯與數學兩項治學的利器，故能明查當前西方科學與哲學的缺失與偏見，並善於運用其理性之功能，一一加以清除或摧毀之。現在我們略談在他的《歷程與眞際》序文中，所列舉的九項他所反對的哲學偏見：

　　(一) 不信任思辯哲學 (speculative philosophy)。

　　(二) 相信語言可以把意見恰當的表達出來。

　　(三) 以爲哲學思想包涵「功能心理學」(faculty-psychology)，或者認爲哲學包涵在「功能心理學」之中——「功能心理學」著重「感覺知覺」(sense-perception)——譯者注。

　　(四) 以主辭一謂辭 (subject-predicate) 爲表達思想之形式。

　　(五) 感官主義的知覺論(sensationalist doctrine of perception)。

　　(六) 「現行」空無論 (the doctrine of vacuous actuality)。

　　(七) 康德的理論把客觀世界當作純粹是主觀經驗的「理論結構」(theoretical construction)。

　　(八) 從無理性的論證中作武斷的演繹的推論。

　　(九) 相信邏輯上的矛盾不是出於某些在前的錯誤而可能是另有所指。針對以上偏謬之見，懷氏標榜「機體主義哲學」(philosophy of organicism)從事於「思辯宇宙論」(speculative cosmology)的建立。這便是他的《歷程與眞際》一書的內容。鑑於最近三十年來懷氏哲學在美國與西歐所引起之興趣，該書應是西方哲學界近一百年來最重要且具有深遠影響力的鉅作。在美國加州克雷芒特(Claremont, Ca.)，有專爲研究懷氏哲學所設的中心(The Center for Process Studies)，其範圍實不限於純粹哲學，且涉及神學、自然科學、及人文科學。最近二三十年來在美國哲學論壇，形而上學復興的趨勢愈益明顯。此項「新古典主義形上學」(neo-classical metaphysics) 爲之而卓然成家

懷德海學術討論會論文集序言

程　石　泉

　　哲學家懷德海生於一八六一年，歿於一九四七年。十歲時習拉丁
文。十二歲時習希臘文。所讀的《聖經》是希臘文的。他在十九歲時
進入劍橋大學，到了二十四歲被選爲劍橋大學「三一學院」學員。他
主要的興趣是數學，從十九歲到四十九歲這三十年間在劍橋大學由學
生而留任講師而升爲教授。所教授之科目爲理論和應用數學。他說他
的生活習慣、價值標準，夠得上是一位典型的英國女王「維多利亞時
代」的人。在倫敦「帝國學院」，教過應用數學，兼任倫敦大學校董
和教務長等職務。到了六十三歲（一九二四年）他接到美國哈佛大學
哲學系邀請。他毅然橫渡大西洋去美任教。去美以後在哲學上是他豐
收期。他的《科學與現代世界》(*Science and Modern World*) 出版
於一九二五年；《歷程與眞際》(*Process and Reality*)完成於一九二
七年；《觀念歷險記》(*Adventures of Ideas*) 出版於一九三三年；
《思想風氣》(*Modes of Thought*) 問世於一九三八年。另有《形
成中的宗教》(*Religion in the Making*)《符號主義——其意義與效
用》(*Symbolism: It's Meaning and Effect*) 和《理性之功能》
(*Function of Reason*) 等書也是他任教哈佛大學時代所寫的。

　　懷氏的哲學智慧，得自對古代希臘哲學傳統和現代西方科學理論
的批判。他保有英語民族「經驗主義」的信念，同時熟諳歐洲大陸上

的：如哈洵（Charles Hartshorne）、維士（John Weiss）、布克婁（Justus Buehler）、哈羅・李（Harold Lee）等人。其中哈洵、維士、與哈羅・李皆親聆懷德海在哈佛之課堂講演並接受懷氏的研究指導。同時在自然科學方面，其深受懷氏形而上學之影響，而從事於建立新觀念和新理論，以解釋物理學或生物學新發現之事實者，計有巴姆（David Bohm）、樸萊伯濃（Karl Pribram）、樸萊哥勁（Ilya Prigogine）史塔柏（Henry Pierce Stapp）等人。

國內哲學界對於懷氏哲學有興趣者不乏其人。早在民國十八年方東美教授曾有意開授「易經與懷德海哲學」，因事未果。近年來在臺灣傅佩榮教授曾將懷氏《科學與現代世界》譯爲中文；又年輕哲學家楊士毅作專書介紹懷氏哲學。討論懷氏哲學之論文屢屢見於期刊。爰於民紀七十七年三月二十六及二十七日獲得東海大學梅可望校長之資助，假座東海大學舉行「懷德海哲學討論會」。由東大、臺大、政大、輔大知名教授及研究生，提供有關懷氏哲學論文約十篇，即此論文集之內容。

懷氏曾於《歷程與眞際》中有謂：「機體主義哲學更接近於印度或中國某學派之思想，而不近乎西部亞細亞或歐洲之思想。」（新版本第七頁）是則吾東方學者豈可含糊其言，而不從於追根究底之研究，以證懷氏之所言是耶，非耶！

　　　　　　　　　　石泉於臺中大度山坡

　　　　　　　　　　民國七十八年七月十六日

謝 …… 克 (Charles Hartshorne) 教授、…… (John Lewis) 、……
賀德理 Susan Headley) (里奇 、……李 (Herold Lee) ……、……

…… 貝林 …… 普里布姆 (Karl Pribram) ……、…… (Henry Pierce Stapp) ……

……

……一九八七年九月廿七日

目　次

《易經》哲學與懷德海機體主義

程 石 泉

　　懷德海在大著《歷程與眞際》(*Process and Reality*) 舊版（一九二九年）第九頁上說：「機體主義哲學談到宇宙緣起出於偶然，名之爲創化，在這一點上更接近於印度的或者中國的思想，不接近於西方亞細亞的或者歐洲的思想。」在這兒懷氏所說的「西方亞細亞」指的是猶太人曾經建國過的今日的以色列，及其佔領區一帶；而「歐洲」所指的恐怕是以羅馬爲政敎中心的中古時代的羅馬帝國的疆土。在這一帶的宗敎信仰以爲宇宙是由一造物主所造，而創化便是上帝意旨的表露。由此所引發的世界觀以爲上帝是唯一的絕對的「眞際」，而「現行世界」(the actual world) 不過是上帝的陰影而已。在懷氏心目中，他以爲中國的或者印度哲學的主流不承認宇宙創化是由一位造物主所安排的措施，而是出於「自然的運作」，或者「自我的創造」，或者名之爲「因緣和會」，或者名之爲「唯心構築」。懷氏的推想確有近似之處。

　　懷氏不是東方學專家，但是他的洞見 (insight) 卻能探賾索隱；他的智慧之光使他能燭照一個與他所熟習的傳統不相牟的思想樣法。並且依據他的學養和「創造性的想像」，構築一個博大精深的「哲學宇宙論」(speculative cosmology) 確是値得推崇的。懷氏曾經說過他的宇宙論是企圖把柏拉圖在「廸冒斯」語錄 (Plato's Timaeus) 中的

宇宙觀，和晚近西方科學宇宙觀——發自加利略、牛頓、笛卡爾和洛克——加以調和而已❶。而這項調和工作必須顧到邏輯思考的融貫性（consistency）和新的科學事實與理論。所以從西方哲學史看來，懷氏的大著《歷程與眞際》乃是一項新的哲學綜合，在歷史上這是二千多年來西方哲學家發自個人的第三次偉大的嚐試。我們審查一下古代希臘哲學家和自加利略以來西方科學家與哲學家，當他們從事構築宇宙論的思想體系時，他們無不要求訴諸理性和經驗，而不採納當時構築於神話之上的宗教教條，在古代希臘如奧林坪宗教，在西方如耶穌基督宗教。這種治學的精神非常接近於中國儒家和道家，及印度吠陀、奧義書、及佛教的傳統。顯然懷氏有見於此，所以在《歷程與眞際》書中第九頁有了以上所引的辯解。

　　懷氏哲學成就是值得肯定的。自懷氏去世以後，他的受業弟子及非受業的讀者在極度學術逆勢之下，換言之在英美分析哲學(analytic philosophy) 猖獗稱霸，及德法哲學界正在探討死亡、百無聊奈的時候，哈洵 (Charles Hartshorne) 繼懷氏之後提倡「新古典主義形上學」(neo-classical metaphysics)❷考柏 (John Cobb) 克立芬(David Griffin) 等人宣揚「歷程神學」（process theology)。另有「歷程研究中心」(Center for Process Studies) 設在美國加州「克萊芒研究院」(Claremont Graduate School)。出版《歷程研究》(*Process Studies*) 季刊，於今已有十五年之久。他如福特 (Lewis Ford)、婁克婁克 (Ivor Leclerc) 皆爲懷氏哲學國際上知名學者。同時近若干年來懷氏哲學尤其神學見解不僅在英美，就連在德國法國都有人闡述而發生了相當大的影響。據云在英國三年前也有人在倫敦從事於組織

---

❶　A. N. Whitehead, *Process and Reality* (1929 edition), p. ix.
❷　Charles Hartshorne, *The Logic of Perfection*, pp. 27-28.

「懷氏哲學會」。懷氏出生於英國，受教育於英國劍橋大學，執教於劍橋及倫敦大學，而英國人對於懷氏哲學最爲冷漠，使人百思不得其解。豈英國經兩次大戰及二十年工黨（乃變相之共產黨）之統治，人民終日忙於衣食，不暇從事哲學思辯乎？或者英國自伯萊德雷「絕對唯心主義」(F. M. Bradley's Absolute Idealism) 崩潰之後，淪爲摩爾 (G. E. Moore) 及羅素 (B. Russell) 分析學派之天下，朝夕在言辭上從事於分析毫髮之工作 (hair-splitting analysis)，藉以汨沒英國人與生俱來的玄學衝動 (metaphysical impulse)？表面上分析學派重理性、重邏輯、重語言之運用，實際上他們在精神意識上是懷疑主義者 (sceptics)，在生活行爲上是叛逆主義者 (rebels)，所以排斥懷氏，認爲他屬於維多利亞女皇時代的思想家。同時那一班分析哲學家也口口聲聲注重科學事實與理論，但是其中並無一人對於科學發展提供前瞻性的貢獻，如牛頓、如達爾文、如漢彌頓 (William R. Hamilton)。倒是懷氏對於二十世紀以來科學理論的貢獻正在引發專家學者的注意。例如他對於愛因斯坦「相對論」的批判[3]、哲學家勞倫斯 (Nathanlal Lawrence) 曾有專書闡揚懷氏理論優於愛因斯坦的理論。又如懷氏在早期著作中所言「震動」(vibration)，在最近「理論粒子物理學」發生了強烈廻應。現在粒子物理學家討論「弦」(string)或者「超弦」(superstring)[4]無異於討論宇宙的震動。懷氏曾經說過：「物理學上計量便是在計算震動。」(To measure is to count vibrations)[5]是故輓近「統計物理學」應運而生。至於懷氏在

[3] A. N. Whitehead, The Principle of Relativity, Cambridge, 1922. "Einstein's Theory," in *Essays in Science and Philosophy*, Philosophical Lib., 1948, pp. 241-248.

[4] Michael B. Green, "Superstrings," in *Scientific American*, Sept., 1986, pp. 48-73.

[5] A. N. Whitehead, *Religion in The Making*, 1926, pp. 111-112.

哲學上的影響除歐美外，在東方如日本也正在方興未艾。

我們豈能學步那些淺見之徒，以爲二十世紀以來西方哲學趨勢經由邏輯的辯證、語言的分析、科學的實證、形而上學已經被宣佈死刑了❻。以懷氏爲例，懷氏的形上學正是在綜合西方傳統如古代希臘哲學和現代（近三百年來）發展中的科學思想，他的形上學的宇宙論不僅不曾落伍，並且超越乎時代，提供未來哲學家與科學家新的啟示。假如有人把懷氏哲學也當作是在被宣佈死刑之列，他一定犯了「人云亦云」的幼稚病。又有人說懷氏和羅素早期的《數理大全》(*Principia Mathematica*) 是一項學術失敗。有來自維也納的數學哲學家哥兌爾 (Gödel) 在一九三〇年發佈他的 「不完備定理」(incompleteness theorem)，認爲數學不可能由單一邏輯系統推演出來。查《數理大全》確是企圖基於 「邏輯不相融性」 (incompatibility)、經由 「公理」(axioms)、「公設」(postulates)、「定理」(theorems)、「定義」(definitions) 及符號運作的規則，以形式化的命題爲與材（A、B、p、q），建立一項邏輯代數學 (logical algebra)。據哥兌爾說，因爲《數理大全》不能推演出一切數學定理，所以他認爲數學不能被統轄在邏輯之下。然則數學的基礎何在？是不是我們又要回到康德、黑格爾、胡塞爾 (Husserl) 那一套「現象學」，使不自覺的陷入繼續不斷的內省心理的「封殺」之中？在我看來，懷氏是一位數學家，正如柏拉圖、笛卡爾和萊布尼茲那些數學家一樣，他們在哲學上的貢獻是不平凡的。因之他在哲學界的影響是未可限量的。

❻ Karl Popper and Others.
❼ Granville C. Henry, Jr., "Whitehead's Philosophical Response to the New Mathematics," in *Explorations in Whitehead's philosophy*, edited by L. Ford & G. L. Kline, 1983, Fordham U. P., N. Y., p. 21.

　　懷氏的哲學成就不僅得力於他的數學天才，同時他對於古代希臘哲學的心得（對於柏拉圖的哲學深有所得，對於亞里斯多德「主辭賓辭」的思想樣法的批評），對於西方宗教信仰的批判、對於二十世紀以來西方物理學上「相對論」、「量子論」新概念的感應，對於東方（中國與印度）的哲學智慧與宗教信仰由揣度而發生憧憬 (fascinated) 在在促使他的哲學具有圓融性與創造性。

×　　　　　×　　　　　×

　　談到懷氏對於東方哲學智慧的憧憬，我們很難判定他曾受了那一些著作的影響。鑑於中國儒道兩家的經典、及印度吠陀、奧義書的經典和佛教的讚頌在西方雖早有翻譯和介紹，但是翻譯工作十之五六不盡理想，至於膚泛的介紹更多曲解。恐未必曾引發懷氏特別注意。惟早於懷氏如希臘學者迪庚遜 (G. Lowes Dickinson)、中國學者辜鴻銘、印度學者瑞達克利閃南 (Dr. S. Radhakrishnan) 皆曾就學或者講學於牛津大學，或許他們曾間接給予在劍橋大學的懷氏一些學術思想上的刺激，也未可知。在我看來，懷氏對於古代希臘哲學及現代四方哲學自笛卡爾以來，加之以對於西方科學自加利略以來的利弊得失，其批判確能鞭闢入裡，擊中肯綮。於是促使他進而對於東方人在哲學（中國）與宗教（印度）上所披露的智慧，產生了一項「創造性的想像」。例如他曾在《形成中的宗教》(Religion in The Making) 一書中，把耶教和佛教作了一些比較研究，指出兩者形而上的基礎不同，因之其宇宙論各別。不過在「有神論」的立場上，耶教佛教二者多多少少皆把「現行世界」看作是幻而不真的，唯有那唯一的上帝（耶教）是絕對真的，或者如來佛（佛教）是真的，（祂不來不去，不一不異，不增不減，不生不死）。懷氏在這一項比較研究中並不曾引經據典，在理論根據上未免有些缺失，但是懷氏是一位敏銳的思想

家，他的「創造性想像」往往變成他的眞知灼見❽。

　　就東方傳統哲學智慧立論，懷氏哲學以《歷程與眞際》那本書爲準，在某些意義上接近中國《易經》(*The Yi King in Sacred Books of China Series*, trans. by James Legge, Oxford, 1899; or *The I Ching*, trans. by Wilhelm, and by Baynes Pantheon Books, 1961)。在某些觀點上更接近於中國大乘佛學中華嚴宗，這一宗派以 *Avatamsaka sutra* 爲本經。在一千三百餘年前當中國隋唐時代，歷經杜順、智儼、法藏與澄觀諸大和尙的詮釋與發揮，本經含義已逐漸中國化。其宇宙論已融合了老子、莊子及古易學家思想。這一個極具東方色彩的佛學華嚴宗所談的四法界：「理法界」、「事法界」、「理事無礙法界」、及「事事無礙法界」，與懷氏所倡言之機體主義哲學頗爲接近。關於這一方面的闡明，我曾於〈華嚴與西方新神學〉及〈斷滅空與圓融哲學〉（在《思想點滴》中，臺北、常春樹書坊，民七十五年）兩文中略有談論。於是目前且以懷氏哲學近似《易經》哲學之處略抒愚陋，以饗讀者。

　　關於此項比較研究讀者必須體認到三項重要的差異：（一）時代的差異。《易經》畫卦可能成於伏羲時代，而伏羲爲一神話人物。乃口傳中的中國文化始祖，或在萬年之前。其卦辭爻辭可能成於殷周之際，距今約爲三千餘年。其〈繫辭〉、〈文言〉、〈象〉、〈彖〉各傳可能成於孔子前後，距今約在二千四百年。懷氏大作《歷程與眞際》其原稿歷經增損，至一九二九年方始付印❾。所以在時間上《易經》和

---

❽　A.N. Whitehead, *Religion in The Making*, pp. 66-78; A.H. Johnson, "Some Conversations with Whitehead Concerning God," in *Explorations in Whitehead's Philosophy*, pp. 3-13.

❾　A.N. Whitehead, *Process & Reality*, Cambridge, 1929.

《歷程與眞際》相距太遠，但並不妨礙中國古易學家和懷德海對於宇宙創化的新新不停、生生不已，有了相似的觀照 (vision)。(二)名相的差異。《易經》的內容包括「圖」(如六十四卦方圖、圓圖、先天圖、後天圖及太極圖等等)，「象」則可分爲「意象」(the imagined)、「事象」(images of what happened)及「物象」(images of objects)。「數」則分爲「常數」如「天地之數」、「大衍之數」、「河圖」、「洛書」之數；又「成數」如天地之「和數」爲五十有五，「揲之以四」之「餘數」等等。懷氏的大作《歷程與眞際》中除在第十一章〈旁通〉(extensive connection)下有二組圖外 (在第四一七及四一八頁)其餘無圖。懷氏於該書第二章建立他的〈範疇方案〉(the categoreal scheme)。 這項方案是根據懷氏的邏輯信念。 先舉出四項「原始意念」(notions)，而後列出四組範疇。第一組爲「終極範疇」(category of the ultimate) 計「創化」「多」與「一」。第二組爲「存在範疇」(category of existence) 計有 (一)「現行單元」(actual entities) 或者名之爲「現行遇合」(actual occasions)。 (二)「攝」(prehensions)。(三)「集會」(nexūs)，或者「公共的事情」(public matters of fact)。 (四)「主體形式」(subjective forms)，或者「私有的事情」(private matters of fact)。 (五)「永相」(eternal objects)，或者「確定性的形式」(forms of definiteness)。 (六)「命題」或者「理論」(theories)。(七)「多」，或者「不同單元純粹的分割」(pure disjunctions of diverse entities)。 (八)「對比」(contrasts) 或者「在攝中各種單元綜合時的型態」(modes of synthesis of entities in one prehension)。 除此以外懷氏另舉了二十七種「解釋範疇」(categories of explanation) 爲第三組；九項「範疇職司」categoreal obligations) 爲第四組。所以在名相上《易經》與《歷程與

眞際》似乎迴然不同。可是懷氏及古易學家的目的相通，他們似乎個個在尋找各種可能的通路，「圖」、「相」、「數」、「範疇方案」、「言語文字」來表達宇宙創化的眞實情況。（三）重點的差異。懷氏對於「創化」這個名詞的解說有其特殊的含義與目的，與《易經》中的創化觀大有出入。他承認「創化」是一種「活動」（activity）在時間之流中時時革故鼎新而新新不停。他也承認宇宙間有一項「神乎其技」的秩序，持久而不變。在這些方面，《易經》的創化觀和懷氏創化觀是可以溝通的，可以互證的。但是懷氏又說：「『創化』不具備其自己的特性，正如亞里斯多德所說的『物質』（matter）不具備其自己的特性。」❿ 如此說來，「創化」變成了極度抽象的、無法訴諸實際經驗的概念。但是站在現行世界的立場，「創化」是實有其事的。下至於物理化學世界，上至於文化精神世界，充滿了活動與互動。若是像懷氏把「創化」這概念作為是「共相中的共相」（universal of universals）或者是「最高度的概念作用」（the highest generality），他是把「創化」架空了。正好像佛學「般若空宗」把諸法實相架空了，其結果使我們的實際經驗無由落實。這不僅使我們犯了蹈空的過失，並且使一切人生活動趨於「無所得」，徒然的虛無。當然這不是懷氏的本意。在我看來，懷氏為了避免蹈空的過失，在他思想系統中引進了「永相」（eternal objects）和「上帝的評鑑」（God's valuation）這兩項重要的因素，使這瞬息萬變、刹那存在的宇宙，在創化歷程中顯露「眞際」。

《易經》中所言的「創化」不是一項抽象的概念，而是從「仰觀」、「俯察」、「近取」、「遠取」所得的實際經驗。古易學家觀

❿　Eugene Schlossberger, "Aristotelian Matter, Patentiality of Quarks," in *The Southern Journal of Philosophy*, Winter 1979, pp. 507-521.

察到在現行世界中有「日月運行」、「四時成歲」，這是有節奏的變化；另有「幽明」之變、「原始反終」之變，「生死存亡」之變。他們體會到「易道屢遷，變動不居」、「剛柔相易，唯變所適」。可是在這「唯變所適」的歷程中，生生才是目的。所以讀《易》的人說「天地之大德曰生」（reproduction），而「生生之謂易」。《易》中談「生生」，即言「能生者生所生；所生又生能生」。如此綿延而至乎永遠。關於「創化」的「新新不停」；懷氏言之多矣，但是對於「生生之道」懷氏向少觸及。這可說是懷氏哲學與《易經》之間著重點的差別。

×　　　　×　　　　×

　　《易經》最早的翻譯成於英人 James Legge 之手，音譯爲 Yi-King，爲《東方聖書叢刊》（The Sacred Books of the East）之一。晚近德人衞理漢（Richard Wilhelm）譯成德文，貝勒斯（C. F. Baynes）由德文譯爲英文，名之爲 The I Ching or Book of Changes⓫。據《易緯乾鑿度》（或許成於秦漢之際）謂：「易含三義：所謂易也，變易也，不易也」（句中可能有缺字）。漢儒鄭康成改「所謂易也」四字爲「易簡一也」。「易簡」合辭無意義，出於康成之杜撰。若作「簡單」、「容易」解釋，則於易之爲書毫不相關。綜合《易經》之圖、象、數三者而論，易之本義所以言陰陽變化、生生不已者也，意指「創化」，即英語中所謂 creativity。故其書應譯爲 Book of Creativity，非僅 Book of Changes。依懷氏之哲學用語，「創化」一辭應包括變（becoming）、化（transition or transm-

<hr>

⓫　*The Sacred Books of China*, trans. by James Legge, Part II. The Yi King, Oxford, 1899.
　　The I Ching or Books of Changes, The R. Wilhelm's translation, trans. by Cary F. Baynes, Pantheon Books, 1950.

utation)、成形（being）甚至於潛能界（potentiality or non-being）等等。

在上一節我們談到懷氏所建立的「範疇方案」，這是根據他的哲學信念。他認爲「思辯哲學之能事在於設計一項圓融而不矛盾，精簡而又必須的名相系統，用以詮釋構成我們經驗的每一因素」**⓬**。我們悉心研究他所立的二十七個「解釋範疇」，幾乎網羅了他在宇宙論中所必須要的名相，及名相相互之間的關係，並且一一予以解說，其錯綜複雜，不禁使人有頭緒紛紛的感覺。又加上九項「範疇職司」，那些職司大都有關於宇宙論全局的原理、原則，屬於高層次的抽象作用，往往使讀者不易把握那些職司的眞意所在，除非要等到讀者能夠把懷氏宇宙論每一細節瞭然於心，否則讀者但感到懷氏的名相攪擾、頭緒紛繁而已。究竟懷氏的「文字般若」加上他的「邏輯般若」是否已經構築了一個思想體系，足以使讀者明顯的取得這創化生生的「眞實般若」，在作者心中亦每有存疑之處。好在懷氏一再說過他的思想是開放的，留待他人加以補充和修改**⓭**。我們對懷氏的成就不應當吹毛求疵，也不當盲目接受。

中國古易學家的時代背景不同，可能對於邏輯，對於科學茫然無知，可是他們發明一項比較簡單的符號系統，運用數學上加、減、乘、除的四則法，藉以象徵性地（symbolically）表示宇宙的創生（cosmogony）、演變（development）、旁通（extensive communication）、新新不停及生生不已的歷程。這便是《周易》所提供的六十四卦的符號系統。這個符號系統包涵兩項數學運算：一組是「天地之數」，另一組是「大衍之數」。這兩組功用不同：前者以數來「體天地之撰」。

⓬ A.N. Whitehead, *Process and Reality* (old edition), pp. 1-2.

⓭ A.N. Whitehead, *Process and Reality*, p. x.

所謂「體天地之撰」者卽言數量關乎時間之久暫（乾）及空間之廣袤（坤），若能掌握此三者，時間、空間與數量，我們便能預測創化的進退、存亡、得失之機。而人居乎天地之間，如能預測宇宙創化之機，則其吉、凶、悔、吝亦可以預見機先。後者「大衍之數」有關構成一卦及旁通他卦（所謂「之卦」）之步驟。此項步驟與古易學家心目中開天闢地的步驟——卽宇宙的創生（cosmogony）的步驟相符應。其目的也在提示數的運算爲開啟宇宙創化秘密的鑰匙❶。

　　此項重視數的運算以窺測宇宙的創化，必有其古老的傳統。鑑於周代周公與商高在《周髀算經》中的問答，及更古老的《九章算術》中數學之廣泛應用，《周易》中所言「天地之數」與「大衍之數」皆與天文學、製曆學有密切之關係。並且以數字的演算來象徵宇宙開闢與創化的步驟，較諸現代西方理論天文學家必依賴數學以測算宇宙天體之遠近、年齡與構成的資料等等，雖有疏密之別，但其治學之精神極爲相似。〈繫辭傳〉有關「天地之數」說：

　　天一地二，天三地四，天五地六，天七地八，天九地十，天數
　　五，地數五，五位相得而各有合。天數二十有五；地數三十，凡
　　天地之數五十有五。此所以成變化而行鬼神也。乾之策二百一十
　　有六。坤之策百四十有四。凡三百有六十，當期之日。二篇之策
　　萬有一千五百二十當萬物之數。

此項數字之安排未必有任何數理之根據，蓋出於隨意之認定。又此項安排雖與陽陰奇偶有關，但恐出於著筮時之策數使然，未必如杭辛齋所言，「陽之爲九，是爲圓邊弧數；陰之爲六，是爲方邊弦數。」❶

❶　程石泉：《易學新探》，頁五七～七〇。
❶　李證剛：〈杭辛齋易學得失及其重要發明之數事〉，見《易學討論集》，商務，一九三七。

又所言乾之策二百一十有六， 坤之策百四十有四。 蓋以乾卦六爻皆九。按筮法： 乾之爻各爲九揲蓍草，而一揲者卽四根蓍草爲一組。於是以六爻乘四揲，再乘以九，則得二百一十有六策。坤之爻各爲六揲蓍草，於是以六爻乘四揲再乘以六，則得百四十有四策，合之爲三百六十，當一年三百六十日之數。實則一年爲「三百有六旬有六日」已記載於《尙書》之〈堯典〉。〈繫辭傳〉所言者乃約數。所以表明《易》中數符合春、夏、秋、冬周而復始之日數。而春、夏、秋、冬之形成實由於日月之運行。凡此皆所以證明古人所面對的是一個「宏觀宇宙」(macrocosm)， 非今日粒子物理學家面對的「微觀宇宙」(microcosm)。又古人對於此一「宏觀宇宙」的變化旣有週而復始，悠久永恒的感覺，又有唯變所適利那存在的感覺。

又《易‧繫辭傳》中關於「天地開闢」有以下的說辭。

大衍之數五十， 其用四十有九，分而爲二以象兩，掛一以象三。揲之以四以象四時，歸奇於扐以象閏。五歲再閏，故再扐而後掛之，是故四營而成易， 十有八變而成卦。 引而伸之， 觸類而長之，天下之能事畢矣。

引文所言成卦之步驟，作者已於《易學新探》中言之頗詳。審查此成卦之全部過程（十有八變）乃宇宙開闢之過程。姑且不論爲何以五十爲「大衍之數」？又爲何任取其一，置而不用？其「分而爲二以象兩」者，卽前言之「易有太極是生兩儀」（卽所謂「分陰分陽」）。「掛一以象三」者，卽言「三才之道」（「易之爲書廣大悉備；有天道焉，有人道焉、有地道焉」）。揲之以四以象四時，卽言「兩儀生四象」由陰陽之分而生老陰、老陽、少陰、少陽，而各以六、九、八、七代表之。而此老少陰陽之數實爲構成一卦六爻之數値。乾卦具最大之數値，不過五十有四，而坤卦具最小之數値，不致少於三十有

六。其餘之六十二卦數值各各介乎五十有四與三十有六之間。凡此皆所以說明六十四卦乃一有限的系統：其構成質料不外陰陽兩儀；其爻數不外三百八十四爻；其卦數不外六十有四；每卦爻數限於六；各爻數值不出於六、七、八、九，但爻值六、九方可以變，爻值七、八則不可以變。其故蓋陰陽亦依春、夏、秋、多而有盈虛消息之變。由春入夏，陽增長而未變（只是程度之差而已），由夏入秋，則陽消而陰長，故謂之變（不只是程度之差，而且爲性質之變）。由秋入多，也只是陰長而未變，由多入春，則陰息而陽長，故謂之變。

　　或許有人認爲古人談新新不停生生不已的變化，只根據於感官的粗迹，且入理不深，不若西方科學家依據數理的推算，以簡單數學公式來統御物理化學的，生理心理的等等變化來得精確可靠。西方科學家先把他們所要研究的對象（在變動不居中的事物）簡化爲數量的差異，而那些差異不離乎空間的和時間的，於是把時間和空間一併數量化。這一項數量化的知識只提供了有關事物「平等相」的描寫。至於有關事物性質上的差異、瞬息萬變的情勢，無法用數學來加以規範，只有「存而不論」，或者在根本上加以否定。如否定宇宙間事物果眞有性質上的差異，或者否定宇宙間事物果眞有有所謂「運動」及「變化」[16]。

　　中國古代易學家企圖從各種通路去瞭解宇宙創化的詳情，如「仰觀」、「俯察」、「近取」、「遠取」、「探賾」、「索隱」、「鈎深」、「致遠」，進而藉圖、象、數、爻、卦、言、辭，以使 讀者能「通德」「類情」。而其目的則在「察往知來」「開物成務」「冒天下之道」而已。事屬形而上學，不必以現代西方科學之知加以牽強附會。

───────────────

[16]　A. Grunbaum, "The Anisotropy of Time" in *The Nature of Time*, ed. by T. Gold, Cornell, 1967, p. 153.

×　　　　　×　　　　　×

綜合《易》之圖、象、數與卦辭、爻辭、十翼之辭，我們舉出以下各點可與懷氏哲學中之名相相比擬。

（甲）創化母體方陣（matrix of creativity）：懷氏在《歷程與眞際》書中，談到他所構築的「範疇方案」具有一項作用，「可以從這個方案衍生出那些命題，用之於創化中每一特殊情況的描寫」❼。《易經》中的六十四卦確也是一項「創化母體方陣」。陰陽爲構成六十四卦的基本與材。由乾坤兩卦之間的陰陽兩兩相孚（孚者，俘也），衍生震、巽、坎、離、艮、兌六子；再由乾、坤、震、巽、坎、離、艮、兌之八卦相錯，而共得六十四卦。所謂「陰陽兩兩相孚」者，卽是陰陽天生睽異，但又相互愛悅。於是能生生，生生者創化也。是故，六十四卦之「旁通」，實由於陰陽二爻「各有所之」，所之非他，陰入於陽，陽入於陰。〈繫辭傳〉上說：

> 乾坤其易之縕邪！乾坤成列而易立乎其中矣。乾坤毀，則无以見易。易不可見，則乾坤或幾乎息矣。

又謂：「天地設位而易行乎其中矣。」卽宇宙中充滿了新新不停，生生不已之創化活動。是故六十四卦之旁通系統乃「創化母體方陣」也。

（乙）懷氏機體性哲學之中心思想是在描述那多功能，多樣法的「感」（feelings）。約言之，在懷氏哲學體系中最基本的感是「物理感」（physical feeling）和「概念感」（conceptual feeling）。所謂「感」不僅是構成宇宙中主體眞正內在的因素，也是促使其他因素進入創化歷程中的主動者。因爲有「感」，於是能使多種成份集合而爲集會，由集會而形成社團（society），因爲社團的結構使宇宙於創新不已的

---

❼　A. N. Whitehead, *Process and Reality*, p. 11.

過程中有其統一性。「感」有其「向量性」（vector），又「感」之得成，實基於物理的互動，並非純粹心靈（mind）層面之事。在懷氏看來物理世界中不僅有「物理感」、「概念感」，且有「物理目的」（physical purpose）、「物理想像」（physical imagination）、「物理記憶」（physical memory）及「物理預料」（physical anticipation）等等。懷氏反對將宇宙強分爲物質的與心靈的，他是站在「心」「物」一體的立場上討論物理世界。所以他的物理世界具有「心」「物」兩端（pole），「心端」因其分析能力在構成宇宙的基本單元中——現行遇合中——攝入了永相（eternal object）。而永相不僅包括來自感官的與材如顏色聲音等等，並且包含抽象概念、觀念及價值等等。懷氏這一項「心」「物」互動有機性，在表達上十分困難，所以他的認識論易於遭受誤解。是故哈洵本乎懷氏的理論，建立了他的「汎感主義」（pan-psychicalism）。他的汎感論不純粹指心理上的事，也包括物理現象。

談到「感」，《易·繫辭傳》上說：

易无思也；无爲也；寂然不動，感而遂通天下之故。非天下之至神，其孰能與於此！

又〈咸卦象傳〉說：

咸者感也。柔上而剛下，二氣感應以相與。止而說，男下女，是以亨、利、貞，取女吉也。天地感而萬物化生。賢人感人心而天下和平。觀其所感，而天下萬物之情可見矣。

《易經》以陰陽爲宇宙新新不停生生不已的創化的與材。而陰陽兩者形成強烈的對比，且互相誘惑，是名之爲「感」。因「感」於是「天地絪縕，萬物化醇；男女媾精，萬物化生」。這一項「感」乃是宇宙「自生」「自化」的原動力。其目的是在創化生生，使「陰陽合德，

剛柔有體」。此乃自然界物理事件，不必牽涉到觀念理想也。

　　（丙）懷氏在大作《歷程與眞際》一書引言中曾談到「一部完整的宇宙論其動機是在建立一個名相系統，而這個名相系統能將美的、善的、神聖的經驗與興趣，和來自自然科學裏的概念和理論相結合。」**⓲** 這可說是一項「狂妄的企圖」。可是回顧西方與東方哲學的過去，我們不得不深佩古代希臘哲學家、印度宗教家及中國哲學家他們把「宇宙」與「人生」，或者「自然」與「歷史」，或者「聖諦」與「俗諦」冶於一爐，要求獲得大智慧，藉以規劃個人在世的生命，社會共同的作業和人類未來的歸趣。而《易經》便是在這一項「狂妄的企圖」之下，作者從事於畫卦、立象、繫辭、觀變、玩占。其步驟與目的，〈繫辭傳〉上有云：

> 易與天地準，故能彌綸天地之道。仰以觀於天文，俯以察於地理。是故知幽明之故。原始反終故知生死之說。

又謂：

> 夫易何爲者也？夫易開物成務，冒天下之道，如斯而已者也。是故聖人以通天下之志，以定天下之業，以斷天下之疑。……神以知來，知以藏往。……一闔一闢謂之變，往來不窮謂之通，見乃謂之象，形乃謂之器，制而用之謂之法，利用出入民咸用之謂之神。

懷氏曾經在《歷程與眞際》中說過：

> 宇宙論的主題乃一切宗教的基礎**⓳**。

又在《形成中的宗教》上說：

> 上帝在現行世界中發生其功能。因此我們人類的意願得指向某些

⓲　前書，p. vi.

⓳　前書，p. 434.

目標，而那些意願在我們意識中不是單單爲了我們自己的利益，也是爲了他人的利益。因爲上帝在我們生活中，所以我們判斷得超越個人的生存價值，而以他人的生存價值爲重。因爲上帝在我們生活中，所以我們的目標得超越乎爲個人所努力的價值，並且擴大到爲他人所努力的價值。同時因爲上帝在我們生活中，所以爲他人所獲得的價值，轉變成爲了自己[20]。

中國古易學家發明了這六十四卦有限的系統，其目的在於展示藉陰陽之旁通變化，足以含蓋一切宇宙的創化。又以六十四卦之旁通可周而復始，展示創化的生生不息。這一項以創化爲形而上學的主題，其目的不必如懷氏所指示的，哲學是爲了宗教奠立基礎。中國古易學家是爲人類文化奠立基礎。所以〈繫辭傳〉上說：

> 形而上者謂之道，形而下者謂之器，化而裁之謂之變，推而行之謂之通，舉而錯之天下之民，謂之事業。

所謂事業者，即「開物成務」、「化成天下」者也。似乎懷氏脫不了西方哲學傳統，此項傳統表現出哲學與神學一向糾纏而有不解之緣，同時在哲學思辯中「上帝」這概念佔有優先，且重要的地位。在中國儒家思想中許可「神道設敎」，但是爲了敎育人民，化成天下而已，不必涉及宗敎崇拜也。

（丁）創化的原動力在懷氏看來是出於「自生」（self-produced）「自化」（self-created），所謂「自古以固存」。可是在《易經》系統中這個宇宙創化雖然變動不居，但是「其出入以度」。這個宇宙雖然生生不息，但是生生而有條理。前者西方名之爲「限制」（limit），後者西方名之爲「秩序」（order）。懷氏在他的「範疇方案」中「派生理

---

[20] A.N. Whitehead, *Religion in The Making*, pp. 151-152.

念」(derivative notions)裏標舉出「上帝的原始性」與「上帝的後效性」(God's primordial nature & God's consequent nature)。這項「派生理念」是出於邏輯系統的必須，而非出於超理性的神話的想像。秩序是出自上帝的原始性。換言之，這個宇宙原是渾淪一團，因為那「神聖理性」(divine reason) 的介入，而產生了秩序。談到「限制」，這是一切存在 (existence) 必備條件。誠如佛家所言，這個現行世界是生滅世界，在時間空間上是有盡的。懷氏更賦予上帝一項「評鑑」的功能，說上帝提供了最理想的形式給每一個創化中的眾生，使他們一一具有美的條件。所以說上帝出於愛美的動機，維持了宇宙的大和諧。這項上帝觀多少是採取了柏拉圖和亞里斯多德的理性主義哲學的看法。

易經談宇宙創化的原動力，既不同於西方耶敎〈創世紀〉中所說的以上帝為宇宙萬物的創造者，也不同於希臘柏拉圖在〈迪冒斯語錄〉中所談的神話，以為宇宙有一靈魂 (soul of the universe)，而此靈魂為一神聖化的理性(the deified intellect)，或者如亞里斯多德把作為創造主的上帝當作是哲學上一項概念 (a philosophical concept of God)。古易學家認為宇宙的「自生」、「自化」是由於乾坤兩元或者陰陽兩極，生而具有相悅相愛的本性。《易》之所演者即此「乾坤交配」、「陰陽合德」的歷程。假如認此為「根源比擬」(root metaphor) 不如稱之為「創化比擬」(creativity metaphor) 更近乎經驗中的事實。約而言之，天地人物之情見於「陰陽和會」。戴東原先生有謂：

> 日月者成象之男女也；山川者成形之男女也；陰陽者氣化之男女也㉑。

吾師東美先生於愛立五相四義，其說謂：

㉑ 《戴東原集·法象篇》，商務。

五相者: 一曰雌雄和會，二曰男女媾精，三曰日月貞明，四曰天地交泰，五曰乾坤定位。四義者: 一曰睽通；睽，在《易》爲「二女同居其志不同行」（睽象）；「二女同居其志不相得」（革象）；通，在《易》爲「天地睽而其事同，男女睽而其志通，萬物睽而其事類」（睽象）。二曰慕悅；慕悅在《易》爲「柔進而應乎剛」（兌象），「二氣感以相與，止而說，天地感而萬物化生」（感象），「剛來而下，柔動而悅」（隨象）。三曰交泰，交泰在《老子》爲「天地相合以降甘露」，在《易》爲「陰陽合德而剛柔有體，以體天地之撰」〈繫辭傳〉，「男女正天地之大義」（家人象），其他如歸妹、漸、鼎、升、萃、益、離、臨、同人、泰諸卦又復言之綦詳。又在《左傳》昭公五年正義曰：「陽之所求者陰，陰之所求者陽，陰陽相值而有應。」四曰恒久，在《易》爲「恒與旣濟定」。恒象曰「剛柔皆應、恒；亨无咎，久於其道也。……觀其所恒而天地萬物之情可見矣。」㉒

凡此皆所以展示愛是宇宙創化的原動力，正如柏拉圖在〈迪冒斯語錄〉所說的 demiurge，一項慾念。古代希臘神話說「正當宙斯（Zeus）要創造宇宙時他忽視搖身一變成爲愛（Eros）。於是使宇宙萬物以他爲典型具備了那項愛的慾念。」㉓

　　就懷氏宇宙論來說雖其中包涵西方哲學與宗敎上重要的傳統，但嚴格說來，那是他個人的創造。在我看來，畢竟懷氏是位優秀的數學家和物理學家，當他企圖描述這宇宙中的「變異的差別相」（hetero-geneity）時，他所說的「現行單元」或者「現行遇合」，由此「單元」所成的「集會」，又由此「集會」所構成的「社會」，乃至於

㉒　方東美：《哲學三慧》，臺北：三民書局，頁一九。
㉓　Plato's Timaeus, 32c in *The Plato's Dialogues*, Taipei.

「社會的社會」皆以物理世界，尤其是原子核的物理（nuclear physics）世界爲懷氏意之所指，故使人感覺他所描述的宇宙創化乃是宇宙的「平等一味相」（homogeneity）。價值要依靠「永相」的介入；「理想」（ideals）要依賴上帝來提供。所謂「自生」「自化」又必須依賴上帝開其端。在懷氏看來，宇宙一方面具有「分段生死」（根據他的「時間成劫觀」（the epochal theory of time）），另一方面具有「永恒不朽」（immortality）（依靠上帝加以呵護）。懷氏對於在宇宙創化過程中由簡單入於複雜，由原始入於精微，由盲目的入於刻意的（凡此皆是價值高低的表徵），似乎缺乏興趣，因之便無描寫。

《易經》是中國古代民族智慧的結晶。《易》的宇宙觀是價值取向的宇宙觀（value-orientated cosmology）。它的「三才之道」的信念使中國人自認一向在參加天地之化育。不管是在認知方面（recognition）、或者在欣賞方面（appreciation）、或者在利用厚生方面（utilization），人無時無處不在參加這個新新不停生生不已的宇宙創化。而《易經》之作，正是「聖人有以見天下之賾而擬諸其形容，象其物宜……聖人有以見天下之動，而觀其會通，以行其典禮。……言天下之至賾而不可惡也，言天下之至動而不可亂也。……易顯道、神、德、行，是故可與酬酢，可與祐神矣。」

臺中大度山杜鵑花盛開時

對比、懷德海與《易經》

沈 清 松

一、前　　言

在當代哲學中，許多既對立又相關的概念，諸如：結構／意義，系統／主體，共時／貫時，延續／斷裂，潛意識的決定／有意識的努力……等等，在結構主義，系統理論，現象學，批判理論等哲學思潮中一再地凸顯出來，引起吾人的注意。此外，在現實的政治社會文化層面，更有傳統／現代，本土／西化，已開發／未開發，在朝／在野……等既對立又相關的具體情境，使人們感到困惑。對於這類理論與實際問題之考慮，促使吾人努力去構設一種更為整全的對比哲學。

平心而論，對比哲學在中國古代哲學，尤其在《易經》和道家的智慧中有其根源，亦受當代西哲懷德海的對比觀啟發甚大。以下本文首先要指陳在前述幾種當代哲學思潮中的對比情境，並進而指出吾人對於對比的基本看法，並藉此討論在懷德海哲學和《易經》哲學中的對比觀，最後再做一暫時性之結語。本文對懷德海與易經進行對比，其目的不僅在於一般性的比較哲學研究，而且欲藉此印證吾人的「對比哲學」。

二、對比哲學與當代哲學中的對比觀

結構對主體之優先，共時性對貫時性的優先，潛意識的決定對有

意識的努力的優先，是結構主義所主張的基本原則，並藉此原則來對
文字、社會與文化進行解析，意欲把握其中隱含的基本結構。基本結
構是由對立元及其彼此的關係所構成，被視爲決定個別文字、社會與
文化之意義的普遍框架。對立元彼此的關係在於差異，但卻缺乏統
一，因而無法形成眞正的對比。結構優先於主體，因而行爲者及其主
觀意義並不重要，甚至被當作假象。主體死亡，結構決定一切，因而
亦無法形成結構與主體之對比。其次，亦無共時性與貫時性之對比，
因爲結構本身是系統的、共時的，任何貫時的發展皆只是共時結構的
某種排列組合。爲此，結構主義既無法設想吾人所謂的動態對比，更
無法把握共時與貫時之間的對比。最後，結構主義亦不能構想潛意識
的決定與有意識的努力之對比，並由此對比而覺醒，而創新，因爲行
爲主體皆被無名無姓之結構所決定，卻無法有意識地予以覺知，爲
此，人不能經由有意識的努力而產生有意義的作品。結構主義因而是
反人文的❶。

　　結構主義所化約的動態發展的面相，卻被系統理論所強調。柏塔
蘭菲(L. von Bertalanffy)認爲所謂系統是「一套因素相互的關聯」，由
各層級的次系統之互動所構成，這些次系統更由其他更簡單的因素以
更簡單的方式互動而成。系統由於因素彼此的關聯而有結構法則，但
亦由於因素透過互動而在時間中發展，朝向更爲複雜化的歷程，因而
有了演進法則。由於結構法則與演進法則，結構變成是「自我調整」、
「自我穩定」、「自我複構」❷。由此可見，系統理論不但有動態的、

---

❶　參見拙著《現代哲學論衡》第十章〈結構主義之解析與評價〉，臺北：
　　黎明公司，民國七十四年八月，頁二五七～二九〇。

❷　關於系統理論，參見 Bertalanffy, Louis von, *General System Theory*, New York: Braziller, 1968.

貫時的一面，而且可以發展出其動態、貫時的演進法則與靜態、共時的結構法則之對比。不過，由於系統理論把主體當成只是系統中之一因素，主體沒有獨立之地位，更不談有意識的努力與意義之形成，只重視結構法則與演進法則的決定，因而系統理論亦無法構設「結構／意義」，「系統／主體」，「有意識的努力／潛意識的決定」諸種對比。

　　主體和意義的重要性，在現象學中特別凸顯出來。現象學認為，若要把握科學、語言和文化的意義，必須彰顯隱含於主體中之構成意義之動力——即其意向性。意向性乃各主體所擁有之內在動力，若經過現象學之還原，自會指向理想而客觀的意義結構，並可透過主體的努力，以原創的方式去構成意義❸。換言之，現象學重視意義優先於結構，主體優先於系統，有意識的努力優先於潛意識的決定，歷史的發展優先於共時的系統。不過，由於胡塞爾的現象學無論如何仍保持著對能思 (noesis) 與所思 (noema) 之相互關係，吾人仍可從其中發展出某種程度的「意義／結構」、「主體／系統」之對比。

　　現象學所注意的是有意識地構成之意義，但是佛洛依德所留意的是個體潛意識中的意義動力——欲望；而批判理論所注意的則是集體潛意識——意識型態——所決定的社會意義，所謂的「批判」對於哈柏瑪斯而言，是一種有意識的自我反省，藉以將潛意識轉化成有意識。由此可見，批判理論中隱含了一種「有意識的努力／潛意識的決定」之對比。哈柏瑪斯在《溝通行動理論》一書中，更構設了「系統／生活世界」之對比，類似於吾人所謂理性化的系統與互為主體在歷史中形成之意義世界之間的對比，乃吾人前述「意義／結構」、

---

❸　同❶，頁一六一～一八三。

「系統／主體」、「共時／貫時」對比之綜合及其社會化❹。

我們原可再繼續將研究擴及其他當代哲學思潮，指陳其中之對比情境，尤其可以再擴及社會科學所言的理論與實際層面之諸種對比，但在本文中，我們僅滿足於指陳上述四種哲學思潮中的數種對比，但這已經足夠讓我們藉以表明，無論在理論層面的「結構／意義」、「系統／主體」、「共時／貫時」、「潛意識的決定／有意識的努力」、「延續／斷裂」……等幾組對立元，或在實踐層次上的「傳統／現代」、「本土／西化」、「已開發／未開發」、「在朝／在野」……等幾組對立元，吾人皆不將之放置在純粹差異與對立之情境，卻要在尊重差異中尋找同一，在採取距離中尋求共同隸屬，這就是吾人所謂對比的要義。

簡言之，「對比」意指統一和差異、配合與分歧，採取距離與共同隸屬之間的交互運作，藉以構成經驗、歷史、乃至存有的結構和動力。因此，對比具方法學意涵，乃經驗成長之方法；對比亦具辯證之意涵，乃歷史進展之律則；對比亦具存有學意涵，乃存有彰顯之韻律。對比觀念的提出，既是為了綜合上述結構主義、系統理論、現象學、批判理論中的基本觀念，亦是為了補足黑格爾辯證法之不足。黑格爾的辯證法既是方法，亦是實在界之運動，它藉否定與對立來運動，終而朝向否定性之勝利。辯證法乃動態對比之一種型式，但較忽視結構對比，亦忽視在運動中的積極性。對比的哲學則藉著互補的對比來運動，它綜攝了消極性和積極性，結構對比與動態對比。

結構對比意指在任何分析的環節中，吾人的經驗或任何研究對象皆是由交互作用的因素所構成。這些因素由於彼此的差異而顯示對

---

❹ Habermas J., *Theorie des Kommunik Kativen Handelns*, Band 2, Frankfurt am Main: Suhrkamp Verleg, 1985, pp. 229-260.

立，但亦由於彼此的統一而彼此互補，並且同時並現於一個經驗之場，藉以形成一個整體，因而結構對比是共時性的。每一要素由於其差異而有某種程度的自主性，但又由於相互協調而有某種程度的互依性。

動態對比意指在時間之軸上，由於前後事態的交互運作，使得主體的經驗和羣體的歷史處在變化發展的歷程之中。動態對比是貫時性的，在時間之軸上，由經驗發展成歷史，既有斷裂，復有連續。就斷裂而言，新生事態有其原創性，亦不可化約爲先前狀態；就連續而言，新生事態總是保留先前狀態所交付之內涵，以爲經驗在時間中之殘餘或沈澱。

結構對比和動態對比復有對比之關係，因爲在每一結構或系統的整體中，總爲主體或共同主體留有自由的餘地，而在主體或共同主體形成經驗與歷史之進程中，亦復含有可理解的結構成份。結構主義者認爲結構以匿名的方式決定一切意義，而主體則毫不自知，但吾人所謂的結構則是個體或羣體在時間中行動所產生的結構——亦即結構化 (Structuration) 歷程之產品。但是，另一方面看來，歷史流程亦能經由靜態的凝視加以分析，藉以彰顯其中可理解的結構。任何歷史性的行動皆可用系統的屬性來加以解析，並可攝入整體結構。由於結構對比和動態對比之間的辯證互動，終將形成系統本身日趨複雜化的演進歷程。

對比哲學在《易經》哲學和道家哲學中有其根源，亦在當代的懷德海哲學中可獲印證。以下先討論懷德海哲學中的對比觀，再進一步追溯《易經》哲學中的對比思想。

三、懷德海哲學中的對比觀

懷德海重視對比，視之爲八大存在範疇之一，與現實物、攝受、

集結、主觀形式、永恒對象、命題、雜多等並列。所謂對比，是指「許多現實物或潛能在一個攝受中的綜合狀態」。由於各現實物或永恒對象都是彼此既不相同但又相關的，因此其在一次綜合中所表現的既差異又統一的狀態，懷德海稱之為「對比」。

「對比」雖為八大存在範疇之一，但似乎貫穿了除了雜多以外的其他存在範疇。所謂「雜多」（multiplicities）是指在分散狀態的許多現實物，或是許多現實物僅在表面上有所聚集，其實乃毫無社會秩序可言之堆積。簡言之，雜多之所以為雜多，是諸多堆積之現實物缺乏對比之狀態。除此以外，諸「現實物」由於彼此相互「攝受」，不斷地形成「集結」，而構成越來越複雜化的社會。但為了說明此種創新的社會及其中的客觀結構與確定形式，必須指涉於「永恒對象」。諸多永恒對象彼此的關係，以及永恒對象介入社會歷程時與現實物之集結的關係，皆是某種對比的關係。對比既為每個現實物攝受其他現實物之綜攝狀態，亦為一集結中諸現實物彼此相處之狀態。至於主觀形式則是指一現實物攝受其他現實物所交待之資料的方式，亦即每一現實物攝受之情調，例如情緒、評價、意向、厭惡、意識……等等，然而這些主觀形式亦能在配合主觀目的之時而在差異中趨於統一，形成對比，而達到主觀的和諧。至於命題，則是由於某些永恒對象與某一現實物或其集結以對比的方式結合而成，亦即被潛能所限定之事實，或規定事實之不純粹潛能。由此可見，對比涉及到各存在範疇：雜多實乃對比之缺乏，而其餘各存在範疇莫不有對比。為此，懷德海在第十七解釋範疇中說道：

　　任何一感受之資料皆有感受到之統一性，為此一個資料集叢的許

　　多成分亦有其統一性：此一統一性即在於諸多物項之「對比」。

　　就某層意義言，這表示有無盡數量的存在範疇，因為一般而言，

諸多物項綜合成一對比，便會產生一種新型存在。例如，一個命題就此意言亦為一種對比。但對人類知性的實際目的而言，只考慮一些基本的存在型式便足矣。此種對比最重要的便是「肯定—否定」之對比，藉之某一命題與某一集結在一資料中獲致綜合，而以該集結之成員為該命題之邏輯主詞❺。

由此可見，對比非但涉及各存在範疇，而且只要形成對比，便會形成新的存在——對比亦為增益存在之方式，甚至因為對比而有「無盡數量」的存在範疇。這裏所謂「產生新存在」似乎暗示著某種能動性的意味，不過懷德海本身並不把此能動面稱為對比，而僅以各綜合在共時面的狀態為對比。因而懷德海之所謂對比，主要屬於吾人所謂的結構對比，此種對比乃共時性的、結構性的，主要針對每一階段之攝受與綜合的狀態而言，而不指涉階段與階段之間的關係。為此，懷德海不言「動態對比」。

各存在物項由於綜合而成為對比，許多對比又可因更高之綜合而成為更高之對比，如此不斷進展下去。在每一層次的對比性綜合之中，諸因素之間雖彼此有差異，卻因著綜合中的統一性而獲致單純性，以便與其他的對比再行綜合為更高之對比。懷德海認為：

對比有賴於某種環境的單純性；然而更高之對比則有賴於許多較低對比之集合，此一集合再度展示出更高的單純性❻。

由存在範疇看來，懷德海似較偏重結構的對比，而忽視動態的對比。換言之，他太強調經驗綜合的對比，而忽視歷史發展的對比。其實，不但經驗之綜合是按照對比來進行，而且，歷史之發展亦是按照

---

❺ Whitehead A.N., *Process and Reality*, New York: The Free Press, 1978, p. 24.

❻ Ibid., p. 95.

差異與統一、探取距離與共同隸屬、斷裂與延續的對比來進行的。懷德海雖然重視歷程，但偏重於宇宙的歷程，並未能眞正舖陳歷史的動態發展。若要切中歷史的動態要義，還得兼及於吾人所謂的「動態的對比」。

　　但是，仔細分析起來，懷德海在其上帝觀之中，似乎看到了一種終極性的動態對比。他以上帝與世界之對比爲創新的終極對比。世界與上帝既有對立，又有共屬，創新力——存有者的存有——就在此動態對比的張力中實現其最高功能，將分立的多元轉化爲共同成長的一元，將對立的差異轉化爲對比的差異。在吾人對宇宙的經驗中，有許多對立元可由直覺所把握到：樂與憂、善與惡、分與合、靜與動、小與大、自由與決定、上帝與世界。在整全的了解之下，對立始得轉化爲對比，有差異亦有統一，有距離亦有共屬，創新力便藉此進行其生生不息之歷程。在此，上帝和世界的對比不再是直覺的，卻是終極的，能提供其他對比以終極詮釋。上帝與世界之對比是創新的永恒遊戲之最終對比。懷德海說：

　　說上帝是永恆的，世界是流變的，和說世界是永恆的，上帝是流變的，同樣眞實。

　　說上帝是一，世界是多，和說世界是一，上帝是多，同樣眞實。

　　說上帝與世界比較起來，是卓越地眞實的，和說世界與上帝比較起來，是卓越地現實的，同樣眞實。

　　說世界內在於上帝之內，和說上帝內在於世界之內，同樣眞實。

　　說上帝創造世界，和說世界創造上帝，同樣眞實❼。

　　懷德海以上這種看似弔詭的說法，只有在上帝的元初性、終結性

---

❼　Ibid., p. 348.

與超主體性所蘊含的上帝與世界的對比情境中，始能獲得了解。上帝和世界乃居於終極性的對比情境中：對立中有統一，統一中有對立，由於此一動態對比，無論上帝和世界皆不能以靜態的方式實現自我，相反地，兩者皆沈浸在新穎疊出、創新無已的歷程中。上帝對世界，世界對上帝，彼此皆可以做為新穎發展之資具。世界動態地朝向統一的終極歷程，亦為上帝以其全能理性在吸收世界的多重努力中自我實現之歷程。

　　不過，本質上此一終極歷程仍然是一個宇宙歷程。與之比較起來，人類意志的努力，以及其他理性存在者的努力，皆僅具有釋例之資格，甚至僅只是偶然的了，可見，懷德海所言上帝與世界的對比雖屬動態對比，但其性質仍是由宇宙歷程所規定，超越於人類有限的意志之外。懷德海不認為人的意志可以無窮的擴充。終極的對比超越於任何人性的把握之外。忽視人的主體及其有意識的努力，仍難說明歷史的進展。我們認為，懷德海的終極對比雖具有動態對比的意義，但僅止於宇宙論層面，而無法深入歷史層面。

　　再深入言之，懷德海不但提供了宇宙性的動態對比以終極詮釋，而且可以發展出此種動態對比之步驟。在其所謂範疇性規範中，他條列了三個經驗成長階段：首先是概念的評價，規定經驗的成長必須從物理性攝受中產生概念攝受，對物理攝受採取距離，以具理想性的永恒對象為對象；其次是概念的翻轉，規定必須從前一階段所得的概念性攝受中採取距離，翻轉向更高層次的概念，藉以提昇主觀目的，指向更高理想，而此一理想必須與前一階段之概念部分相同，部分相異；最後則有化成範疇，規定由前兩階段所獲取的概念或理想，必須化成為某一社會之特性，將之實現為一新創社會之特性，使之具現於一新的現實集結之中。

由此可見，整個宇宙的動態歷程是採取距離與共同隸屬、自由與決定的動態對比、交互進行的運動歷程。每一現實物在成長的第一階段中皆須順應於對環境與先前自我的物理攝受。其後方可透過概念攝受來採取距離，乃有自由產生，並經由概念翻轉而愈益提昇理想，擴大自由。不過，概念與理想仍須經由物理綜合而化成為具體新社會之特性。但在化成歷程之中，又需順應於環境之物理條件，其中又有決定論在。宇宙全體存在的所有經驗皆有其決定，亦有其自由。決定的部分在於經驗具有順應性與共同隸屬，自由的部分則在於其有由理想所形成之距離與獨特的綜合方式。此一自由與決定、距離與共隸之辯證貫穿全體宇宙歷程，而不僅限於人類歷史。它是存有學的，而不是僅限於人類學的。懷德海把人類歷史納入宇宙歷程，在宇宙性的關懷之下，始終對於人類歷史本身有著一種冷漠。為此，其思想中雖亦可闡發出某種動態的對比，但終究難以對人的主體、意義、和有意識的努力賦予適當的地位。就對比哲學而言，此乃懷德海思想中的一大缺憾。

四、《易經》哲學中的對比觀

《周易》原為周人占筮之書，可見其所關心的實乃人的吉凶禍福進退，總隱含著對於人的主體與意義之重視，且此層重視亦在《易經》哲學發展的過程中愈益突顯。由殷人的龜卜到周人的占筮之過程中本身就含蘊了人主體突顯的過程。因為一方面龜卜之裂痕乃自然成文，而占筮則需依規定手數蓍草，加以推算；另一方面龜裂成文之後便不可改易，而占筮則須分析卦象，有必要訴諸人的推理和判斷。為此，王船山嘗言：「大衍五十而用四十有九，分二，挂一，歸奇，過揲，審七八九六之變，以求肖乎理，人謀也。」「若龜之見兆，但有

鬼謀，而無人謀。」王船山之言甚是，亦顯示出此一人類命運之書理
當走向對人之主體、意義與有意識之努力。

　　《周易》原只包含卦象、卦辭和爻辭。卦辭對卦象進行解說，爻
辭則對卦中每一爻進行解說。周人凡筮得一卦，便查閱《周易》中該
卦之卦爻辭，見其中所開顯事物之理或神明之意，藉以決定所問之事
之吉凶，所問之人之禍福。至於戰國時期出現之《易傳》則更系統
地解說《周易》，其中尤以〈彖傳〉，〈象傳〉，〈繫辭傳〉最富哲
理，對卦爻辭所顯示的事物之理與人事之道加以更詳細之解釋。由此
可見，由《周易》到《易傳》之發展，實在是由占筮而求開顯，由開
顯而探哲理之歷程。

　　占筮者欲求得所需意旨之開顯，必須參考《周易》的卦爻辭。然
而卦爻辭所言者，或由自然之變化以言人事之變化，或由卦爻之邏輯
推衍以言人事之吉凶，前者由自然而覺悟人事，具動態對比；後者由
二二相偶而成六十四卦，具結構對比。茲略述如下：

　　一、卦爻辭中有些語句是講自然現象的變化，從中覺識人事之變
化，如大過卦九二爻辭：「枯楊生稊，老夫得其女妻，无不利。」九
五爻辭：「枯揚生華，老婦得其士夫，无咎无譽。」[8]枯楊生稊生
華，代表老樹生命之更新，由此得知老夫老婦之可以婚嫁。又如離卦
九三爻辭說：「日昃之離，不鼓缶而歌，則大耋之嗟，凶。」此言人
老如太陽將沒，勿任意取樂。又如小過卦辭說：「亨，利貞，可小事，
不可大事。飛鳥遺之音，不宜上，宜下，大吉。」由於飛鳥的聲音向
下而不向上，所以人事活動下順則吉，上逆則凶。這種種解釋，一
方面表示人事之吉凶與自然之現象有其共同隸屬，另一方面人又應從

---

[8]　本文中所引用《易經》文字皆出自十三經注疏《周易》，臺北：藝文印
　　書館影印版，不另註明出處。

自然現象中採取距離，自我覺醒，以條理人事，而不止於自然觀察。這其中包含了最初級的歷史義的動態對比。

二、卦象的形成，有其邏輯發展，基本上乃將對立之奇━偶╌兩者，按三重疊，分別組合，便成八卦；再將八卦兩兩相疊，即成六十四卦。說卦所謂「兼三才而兩之」；孔穎達所謂「二二相偶，非復即變」，皆指明卦之推演乃按照對立元之排列組合之邏輯形構而成。方東美先生於〈易之邏輯問題〉文中依━━太極之原始意像，按岐出━＜疊現━＜，相索━＞，觸類＋，引申✕等邏輯符號推衍而得出六十四卦❾，亦皆顯示卦象之成具有依既對立而相關之邏輯來形構的必然性，含有吾人所謂的結構對比。

無論卦象之成所含之結構對比，或卦爻辭中由自然以體悟人事，其目的皆在指導人的主體依規範而度有意義之生活。例如恒卦六五爻辭說：「恒其德，貞。婦人吉，夫子凶。」表示做妻子的婦德有恒，遇事吉利；做丈夫的固執其德，遇事不能果斷則凶。又如家人九三爻辭：「家人嗃嗃，悔，厲，吉；婦人嘻嘻，終吝。」是說做丈夫的（或家長）過於嚴厲，如能改正，則吉；但是任憑婦子嘻嘻哈哈，終有悔恨。通常卜辭內容僅記所卜之事，加上吉凶斷語，但卦爻辭則往往加上對人的教訓，如何進而修德成己，度有意義之生活，因此終究是以人的歷史命運為考慮之主題。

《周易》由占筮以求開顯，至《易傳》則由開顯走向哲理。〈繫辭〉說：「易有聖人之道四焉，以言者尚其辭，以動者尚其變，以制器者尚其象，以卜筮者尚其占。是以君子將有為也，將有行也，問焉而以言，其受命也如嚮。無有遠近幽深，遂知來物。」把占卜吉凶只

---

❾ 方東美〈易之邏輯問題〉，收於《生生之德》，臺北：黎明公司，民國七十六年七月四版，頁一～二九。

視爲《易》的功能之一，　此外還以《易》爲言論之依據，　行動之指導，　制器之取象，遍及了人類生活的各方面，卒皆以《易》所顯示的存在法則爲依據：「夫易，聖人之所以極深而研幾也。唯深也，故能通天下之志；唯幾也，故能成天下之務。」《易》旣觸及事物的存在法則，又觸及人的存在法則，故能通天下之志，成天下之務。「聖人立象以盡意，　設卦以盡情僞，　繫辭焉以盡其言，　變而通之以盡利，鼓之舞之以盡神。」這段話說明卦象、卦名、卦爻辭皆是爲了顯現理念，表達眞假，窮盡言論，有利於百姓之事業。在此，《易》成爲聖人藉以領導人類歷史之法則了。

　　對於主體、意義和人類有意識的努力之重視，亦會介入到結構對比之中，　甚至引起其中結構之重組。　例如，　對於卦爻辭吉凶之解釋〈象〉、〈小象〉提出了爻位說，其表面上看來是一種結構性的操作步驟，其後卻滲入了儒家的倫理思想和道家的陰陽觀。爻位說首求當位，一卦之爻，各有其位，二四六屬偶數，爲陰位；一三五屬奇數，爲陽位。　凡陽爻居陽位或陰爻居陰位，　則當其位，　否則就是失位。一般而言，　當位則吉，不當位則凶。　如旣濟卦䷾六爻皆當位，　所以〈象〉說：「利貞，剛柔正而位當也。」用以解釋該卦卦辭：「亨小，利貞。」又歸妹卦䷵，其中二三四五爻皆不當位，卦辭「征凶」，所以〈象〉說：「征凶，位不當也。」若當位不足以解全部吉凶時，則引入應位說，若在初與四、二與五、三與上，有陽爻和陰爻相應則吉，無應則凶。例如大有卦䷍按當位說言，六五爻居陽位乃失位，但此卦於五爻辭卻說：「厥孚交加，威如，吉。」〈象〉的解釋是：「大有，柔得尊位大中，而上下應之。」是因爲六五爻有九二爻有應始吉。如果旣不當位又失應位，　仍可居中位而得補救，　所謂中位指居二五之位，　乃上下卦之中，　例如〈象〉解未濟卦說：「未濟，亨，柔得中

也。」中位說雖僅爲輔助性理論，但對不當位有補救之功，對當位則有正增強之功。以上雖屬機械性的操作，但其中亦包含儒家對「位」的重視及其中的倫理秩序與中庸思想。此外儒家的尊卑觀、層級觀，亦會介入，而有承乘說之出現：如果上爻爲陽，下爻爲陰，則爲陰承陽，陽乘陰則順而吉；如果上爻爲陰，下爻爲陽，則是陰乘陽，陽承陰，則逆而不吉。非但倫理思想介入並主宰了結構性對比之詮釋，而且可以納入時間性和歷史性的考慮，因而有趣時說的提出，卦象之吉凶，須考慮其所處之時機。如同居中位，不一定皆吉，適時則吉，失時則凶，此卽〈繫辭〉所說：「變通者，趣時者也。」例如節卦䷻九二、九五都居中位，應爲吉，所以〈彖〉說：「節亨，剛柔分而剛得中。」可是九二爻辭卻說：「不出門庭，凶。」對此，〈小象〉的解釋是：「不出門庭，凶。失時極也。」終於在共時性、結構性的考慮中納入了時間的因素。

由上可見，《易經》雖包含了抽象操作的數之結構，但並不會如結構主義那般忽視人的主體。人要明白吉凶，必須參照數的結構，但結構之詮釋，亦須參照主體的意義。〈繫辭〉說：「參伍以變，錯綜其數，通其變，遂成天下之文。極其數，遂定天下之象。非天下之至變，其孰能與於此。」此是言結構之排列組合之奧妙。〈說卦〉又說：「昔者聖人之作易也，幽贊于神明而生蓍，參天兩地而倚數，觀變于陰陽而立卦，發揮于剛柔而生爻，和順于道德而理于義，窮理盡性以至於命。」此段文字則又言結構之變與道德性命之相互連貫。

《易經》非但在結構對比中注入了人文意義，而且其動態對比亦主要指向人類歷史之發展。〈繫辭〉曰：「一陰一陽之謂道，繼之者善也，成之者性也。仁者見之謂之仁，知者見之謂之知，百姓日用而不知。」一陰一陽指陰陽兩對立元動態辯證之發展，原屬形上之道，

宇宙普遍之法則，其賡續發展則能實現價值，完成本性。又說：「八卦成列，象在其中矣。因而重之，爻在其中矣。剛柔相推，變在其中矣。繫詞焉而命之，動在其中矣。吉凶悔吝者，生乎動者也。」「聖人設卦觀象，繫辭焉而明吉凶，剛柔相推而生變化。……」剛柔相推亦屬動態之對比，雖為變化之普遍原理，但其要旨仍在於決定人的前途――「吉凶悔吝」。動態對比不但包含了一陰一陽，剛柔相推，而且包含了盈虛消息，否極泰來，剝極必復，事物在變遷過程中會由盈到虛，由虛而盈；由盛到衰，由衰而盛，皆是發展至極而後轉向其對立面。例如〈象〉解乾卦六爻時，就將此變化逐步表現出來，而且是蘊含著人類命運的指涉：「潛龍勿用」→「見龍在田」→「終日乾乾」→「或躍在淵」→「飛龍在天」→「亢龍有悔」。〈文言〉進一步解釋上九爻說：「亢之為言也，知進而不知退，知存而不知亡，知得而不知喪……知進退存亡而不失其正者，其唯聖人乎。」又，〈繫辭〉解釋否卦九五爻辭時說：「危者，安其位者也。亡者，保其位者也。亂者，有其治者也。是故君子安而不忘危，存而不忘亡，治而不忘亂，是以身安而國家可保也。」此段話甚至言及個人及國家的治亂安危，並以此種對個人與集體命運的關心來詮釋結構之位。

由此可見，《易經》哲學既重視結構對比、亦重視動態對比，兩者且能互相穿透，又成對比，但皆是為了導向在更普遍的法則之下說明人主體之意義，敦促人有意識的努力，引導人的歷史前途。

五、結　語

對比哲學不把任何對象予以孤立，亦不將一羣對象簡單歸類，卻要在對立中看見相關，差異中看見統一，亦要在時間的發展中看出前後狀態之斷裂與連續，採取距離與共同隸屬，它有著當代哲學以及哲

學史之依據，並且在一定程度上觸及了其中的一些本質要素。此一洞視要我們注意在結構／意義、系統／主體、共時／貫時、延續／斷裂、潛意識的決定／有意識的努力等表面的對立元之間的內在張度。

懷德海哲學與《易經》哲學分別以不同的方式詮釋了此一內在張度。懷德海較偏向結構對比，但其思想亦富有動態對比，可是由於宇宙論的關懷，使其在對人的淡漠中忽視了人的歷史性及其內在的對比特性，因而使主體、意義及人有意識的努力在此內在張力中失去了應有的比重。此一應有的比重在《易經》哲學中卻加重了，由於對人的命運之關心，使其在訴諸易卦的邏輯結構，與陰陽、剛柔……等之間的動態對比來說明事物的規則之時，無不指向對人主體、意義、及有意識努力之關切。

懷德海的哲學與《易經》的哲學在這一點上構成了一個極為有趣的對比，此一對比仍指向了當代哲學家必需努力思考的基本難題，亦提供了吾人思考現代學術、文化與社會的發展一個前瞻性的方向。

道家與懷德海

——「生」概念與「創生」概念之比較[1]

鄔 昆 如

○

西洋哲學的發展，涉及到動態宇宙觀的，有希臘早期的赫拉克利圖斯 (Herakleitos, Ca. 544-484 B.C.)，其「萬物流轉」($\pi\alpha\gamma\tau\alpha$ $\dot{\rho}\varepsilon\iota$, Panta rei) 的學說，襯托出「羅哥士」($\lambda\dot{o}\gamma os$, Logos) 的最終原理；後有近代的斯賓挪莎 (Baruh Spinoza, 1632-1677)，其「神即實體即自然」(Deus sive substantia sive natura) 的學說，把「能產自然」(natura naturans) 與「所產自然」(natura naturata) 蔚成創生不息的宇宙；當代則有懷德海 (A. N. Whitehead, 1861-1947) 以其「創生」(creativity) 概念，建立了機體哲學 (philosophy of organism)，使西洋主流的靜態本體論 (存有學 Ontology)，轉化成動態的宇宙；使西洋哲學在與東方哲學相遇時，有更大更深的融和性。

而東方哲學的中國哲學，原就從《易經》的「生生不息」理念，發展成各家各派哲學，其中尤以道家的「生」概念，更能發揮出動態宇宙的藍圖。

---

❶ 這篇論文的寫作動機，是筆者繼〈原始道家哲學「生」概念之詮釋〉（宣讀於國際方東美哲學研討會，民國七十六年八月十六日—十八日，臺北），以及另一篇論文〈老莊哲學「觀」概念之研究〉（宣讀於國際老莊會議，民國七十六年十一月十二日—十七日，臺北）對道家哲學進一步的瞭解，希望在於與西方哲學作比較中，更見其形上意義的深度。

本文嘗試以道家的「生」概念，來比較懷德海的「創生」概念，企圖找出二者對宇宙的理解，以說明二派哲學的超越中外古今，而對「默觀」（speculation）的運作本身，以及默觀的成果，都有非常相似之處；藉以更突現出宇宙的動態性格。

I

從懷德海哲學思想三期的劃分中，很容易把握住其科學哲學的運作過程；不過，其科學哲學不像其它的科學哲學家，固守在語義分析以及要求檢證的層面；而是能突破所有事件，而直指形而上領域；而在形而上的領域內，默觀出「創生」的整個「歷程」，而發現生生不息的、動態的宇宙。

其思想第一期是數學與邏輯的階段。在這期中，氏還和羅素（Bertrand Russell, 1872-1970）合著了經典之作的《數學原理》（*Principia Mathematica*），開始了思想結構的探討。其思想的第二期進入了科學哲學，開始探究人類知識的課題：從知識跳到形而上，便是第三期的思想。此期是以哲學來反省科學的各項原理，其代表作《歷程與實在》（*Process and Reality,* 1929），便是此期的成品。

本文把焦點放在《歷程與實在》一書，而此書是一系統性的著作：書的開始提出範疇，作為全書各概念的界說，是為第一部份；第二部份是範疇的運用，而運用的對象則是西方哲學史；從這兩部份作為基礎，然後進入知識，社會結構，終結於終極的詮釋──即是本文中核心課題的「上帝」（神）以及「創生」問題的終極理解，作為懷氏理解宇宙論的全燔❷。

---

❷ 有關懷德海的思想大綱，尤其是《歷程與實在》一書的思想大綱，請參閱沈清松著：《現代哲學論衡》（黎明，民國七十四年八月），第四章，第四、五節。

「創生」概念原就是懷德海用來含攝所有範疇，尤其是諸範疇的運作歷程的終極範疇。筆者認爲它一方面用活了西洋傳統哲學的「創造」(creation) 概念，同時亦含攝了西洋哲學支流的「流出」(emanation) 學說，把西洋上帝與世界的關係生命化；而且更使原本超越的上帝，轉化成內存同時又超越的神明。至於世界，在西洋傳統哲學中，原只是受造物 (creature)，其創生性格非常的不明顯 ❸；懷德海能夠用他的機體哲學的默觀，發明了世界的創生性，使其在某種程度上分受著上帝的創生能力。這種宇宙論的架構，的確類似於東方哲學的自然觀。

一、「創生」(creativity) 概念

在《歷程與實在》一書中，追溯到「上帝與世界」的關係，原擺脫不了西洋自從接受希伯來宗教信仰之後的宇宙生成論 (cosmogony)；但是，懷氏一開始就設法避免「神造世界」的單向描述；亦卽是說，他試用各種方式，說明從亞里士多德 (Aristoteles, 384-322 B.C.) 以來，對「上帝」所描繪的「原動不動者」(motor immobilis)，不合乎事實❹。因爲假如設定了上帝的原動不動，首先就非要在時間上設

---

❸ 西洋哲學幾乎清一色把上帝當作造物者，而世界則是受造物；把受造物亦分受創造性格的，首推士林哲學早期思想家伊利哲那(J.S. Erigena, 810-877)。氏在宇宙的存在階層中，用「創造」概念的主動與被動詞的功能，說明上帝是「創造而非受造的自然」(natura creans increata)但同時亦是「非受造亦非創造的自然」(natura nec creata nec creans)；卽受造物之中亦分享了創造的功能，成爲「創造而且受造的自然」(natura creans creata)。

❹ 《歷程與實在》(*Process and Reality*, Alfred North Whitehead, Edited by David Ray Griffin and Donald W. Sherburne, The Free Press, Macmillan Publishing Co., New York, London, 1978)，頁三四三。

定，上帝的優先存在；再來就是要設定：上帝創造了世界；上帝是唯一的造物者，而世界以及世界上的一切，都是受造物。而在懷德海的範疇體系中，以其機體哲學的說法，上帝的存在並非在創造之前，而是與創造同時❺。而且，上帝創造了世界，世界也創造了上帝❻。

「創生」固然是上帝的第一本性❼，但是，世界對這「創生」亦有所回應；世界不但是接受創造，而對創造亦有反應；這回應也就是用「創生」的不斷延續，來參與世界走向完美的歷程❽。雖然在數量上看，上帝的唯一性（因為是所有現實物（actual entities）最原始、非時間的特例），以及世界的多元性，相互之間有顯著的差異，可是，這「一」與「多」，還是透過「創生」而在歷程中，化為一體，既有相同的「創生」功能，又有現實存在的保障❾。

歸結起來，懷德海對「上帝與世界」的描述，極力想打破西洋哲學主流的二元宇宙體系，而使其在「創生」的概念下融成一元；但在這一元之中，同時又展現出多元的特性（尤其上帝與世界二元的特性）。

二、「生」（generation）概念

也就在致力於打破二元對立，而設法建立圓融的整體觀──機體哲學，「創生」概念因為在字源上還有「創造」的陰影❿，懷德海在宇宙生成論的課題上，直截了當地用「生」（generation）概念，以示

---

❺　同上。
❻　同上，頁三四八。
❼　同上，頁三四四。
❽　同上，頁三一、三四五。
❾　同上，頁三四九～三五〇。
❿　「創生」（creativity）概念，還是和「創造」（creatia）的拉丁文字源相同。

「上帝與世界」的同質(con-substantiatio)。懷氏在討論現實物的次序時就指出「世界就是個別現實物『生』的歷程(process of generation)」⓫ 而且「每一個現實物都是『生』的歷程」⓬。而這個「生」的歷程，也正展示出宇宙「創生」能力；懷氏用斯賓挪莎的學說「能產自然」，作爲自然世界本性中「生」的功能⓭。當然，懷德海還是利用其物理學的概念，認定「生」的意義是「自身製造」(self-production)，並以之作爲「自然」($\varphi\acute{\upsilon}\sigma\iota\varsigma$, physis) 的特性⓮。

「生」概念的功能，不但在「創生」理念中，設法擺脫「創造」的傳統意義，也不但超越由別的原因「製造」成品的嫌疑，而且能把靜態的世界，轉化成動態的整體；而在這整體中，突現出「機體」的功能，由「生命」所灌輸的整體宇宙的功能。原來，在哲學史發展的意義下，懷德海以亞里士多德的這個概念，來反對柏拉圖式的宇宙二元論。柏拉圖的二元世界，原以觀念界爲「常」，而感官世界爲「變」；因而在推動著與希伯來宗教的「創造」概念吻合，而開展了基督宗教哲學的「創造說」。而今，懷德海用「生」概念，把「同質」的成果連繫著二元世界，使其成爲整體⓯。

三、「進化」(evolution) 概念

「創生」概念固然不同於「創造」，但是懷德海也並不承認近代以來，與「創造」學理相當反對的生物學上的革命。他認爲就在牛頓物理學的層次上看，「進化」亦非事實；倒是可以把「進化」概念作

⓫　《歷程與實在》，頁六〇、二一九、二三五。
⓬　同上，頁六〇。
⓭　同上，頁九三。
⓮　同上。
⓯　同上，頁二〇九。

爲柏拉圖宇宙論的理解。這種說法當然與懷氏基本立場，不走生物學之路，而走物理學之路有關。但是，基本上，「創生」的箭頭所指向的，並不是由下而上的發展，雖然懷氏並沒完全同意那從上而下的「創造」方式⑯。正如前面說過的「上帝創造了世界，世界也創造了上帝」，上帝「創造」世界，世界「回應」上帝一般，在宇宙的動態架構中，向上之道與向下之道都暢通，而且是雙向的。

$$\times \qquad \times \qquad \times$$

從上面探討的「創生」「生」「進化」幾個基本概念的意義看來，「上帝」概念還是最基本的，懷德海在其機體哲學的設計中，把上帝解釋爲「最原始，非時間的特例」，而且「創生」才是整體宇宙的究極⑰。然而，在《歷程與實在》一書中，有數不淸的地方討論了「上帝」，在每一思想發展的階段中，「上帝」總有其特定的定位，不但意味著上帝的特例，而且指示出其普遍性，與世界不可分性。

由於「上帝」概念的特殊地位，要以其特性來迎合「創生」的機體哲學系統，並不是一件容易的事；尤其是在不同場合出現不同的功能看來，究竟懷德海的「上帝」有多少性格，成爲見仁見智的分歧。當然，最常見亦最容易使人瞭解的，就是「二性說」，以二元劃分的方式，把「上帝」分成原初性 (primordial nature of God) 與終結性 (consequent nature of God)⑱。但是，亦有以「三性說」來瞭解懷德海的「上帝」概念的，那就是先在性，後得性，超主體性⑲。先在性也就是原初性，而後得性即終結性；至於超主體性 (God's

---

⑯　同上，頁九四。
⑰　同上，頁七。
⑱　沈淸松著：《現代哲學論衡》，頁一二一。
⑲　楊士毅著：《懷德海「實際事物」理論探討》，文化大學哲學研究所博士論文，民國七十三年十一月，頁二二二及以後。

superjective qualification on creativity) 的理解則是在體認了其「先在性」（原初性）的「由許多概念感受所共同聚合而成的統一體，這些感受是對永恒對象而發」[20]，以及其「後得性」（終結性）的「物理攝受了此正在演化中的宇宙的諸多現實物」[21]之後，而形成的「在各種境遇中的特殊例證」[22]。

　　無論是「二性說」或是「三性說」，其實都超過了傳統的「超越性」（transcendence）與「內存性」（immanence）的劃分；表面上是擺脫了本體論的探討方向，實質上則是在提昇知識論的地位，使「知性」的運作，獲得較多的注意力以及功能。這原是所有科學哲學的通性，懷德海在這裏沒有例外。

　　在《歷程與實在》一書最後部份，「最終的詮釋」提供了「上帝與世界」的八種面向的意義，算是對全書「上帝」意義的濃縮。在這濃縮中，懷德海一直設法把「上帝」拉進他的「創生」概念之中，在行文中不難發現，傳統意義的上帝「超越性」，仍然無法全面被排除；而在懷德海物理哲學比較肯定的部份，也祇把上帝超越性格中的「原動不動者」除去[23]，但卻無法減低「等級遞進」的價值[24]；而事實上，從亞里士多德開始，一直到聖多瑪斯（Thomas Aquinas, 1224-1274），「原動不動者」是第一路證明，而「等級遞進」（gradus perfectionis）則是第四路證明；而這第四路卻是柏拉圖的論證。

　　當然，能夠消除「原動不動者」，也就能夠除了「非因之因」

---

[20]　《歷程與實在》，頁八七～八八。
[21]　同上，頁八九。
[22]　同上。
[23]　同上，頁七三、三四三。
[24]　同上，頁八七～八八；並參閱楊士毅著：《懷德海「實際事物」理論探討》，頁二二一。

(causa incausata)，而回歸到「自因」（causa sui）的機體運作❷。

無論從那一個角度看，除去了上帝的超越性格，總易於掉進「汎神論」（pan-theism），或至少掉進「萬物在神論」（pan-entheism）的範疇中。

Ⅱ

在中國哲學各流派中，道家一向被認爲最富形上學色彩；這形上色彩就是因爲特殊探究了宇宙和人生根本原理的「道」。「道」作爲宇宙原初本體來看時，幾乎可以與西洋哲學的「羅哥士」（λόγος, Logos）等量齊觀❷，當然，在某方面看，它也可以表現出「上帝」的性格，或是「存有」的地位；那也就是在「道與世界」的關係中去尋找。

一、「生」概念

「道與世界」的課題，首先出現在老子《道德經》的，就是：

道生一、一生二、二生三、三生萬物❷。

「道」與「世界」的關係是「生」。現在的問題是：「生」究竟是什麼意義？傳統的注解，多爲就「生」的本身意義之外，去尋找「能生」與「所生」的課題，就如河上公或是王弼，都把這章的「生」的意義，轉化到解釋一、二、三的數目意義上；配合著另一章的「天下萬物生於有，有生於無」❷，而一直設法分析「有」和「無」的意

---

❷　《歷程與實在》，頁八八。

❷　參閱鄔昆如著《莊子與古希臘哲學中的道》，中華，民國六十一年五月。

❷　《道德經》，第四十二章。

❷　《道德經》，第四十章。

義。「生」的意義要在當代研究老子的學者，才較多發揮。首先提出的，也正是要在「道與世界」的關係中，找出「生」的意義。就如：

這個「生」，並不是母子的關係；並不像一般動物，由母體產生另外一個全然獨立的子體。那末「生」是什麼意思呢？我們知道宇宙萬物是萬象森然，清晰有別的。而道卻是恍惚混沌無分無別的。……但道的這種混沌狀態是可以打破的；它可以因「道」的運動演變，而顯現出種種狀象來，等到狀象畢露時，那就宇宙萬物一一可辨㉙

這裏的「生」被解釋成「化」，表示「道」本身「顯化」而成萬物；而「萬物」則是「道」的顯化。這也說明了「道」雖然「生」了萬物，但仍然不離萬物，仍然內存於萬物之中。這也就印證了後來莊子的「道在萬物」的理解㉚。

「道」生「萬物」，但仍然「存在」在萬物內。

在與西洋哲學的比較研究中，方東美先生認為：「道」的「生」所展示的，是「創生」；而這「創生」又不像希伯來民族所信仰的，上帝祇有一次「創造」世界；中國哲學的「創生」則不是一度的程序，而是不斷地「創造」㉛。這「創生」的觀念的連續性，方東美先生用了英文的 creatively creative creativity 來形容。

當然，這裏的「生」雖然包含了機體的「生」的意義，很可以與懷德海的「創生」概念作比較；但是，由於道家的「道」比較富有神秘性，而「上帝」在懷德海心目中，並沒有濃厚的神秘色彩㉜；反而

㉙　張起鈞著：《老子哲學》，正中，民國六十八年五月八版，頁四。
㉚　《莊子・知北遊》。
㉛　方東美著：《原始儒家道家哲學》，黎明，民國七十四年十一月再版，頁一九○。
㉜　方東美先生用「玄之又玄」來解釋「道」，謂之「玄玄之謂玄」，而懷德海則用「實在」來解釋上帝，其間是有很大區別的。

是相當具體的特例㉝，因而亦影響了「生」的意義的多元性。

西方人士在翻譯《道德經》時，對「生」概念的理解，也有達到「創生」的境界的，就如 James Legge 在譯《道德經》第四十章時，就用 sprang from，就很有「生」的氣息㉞；衞理賢 (Richard Wilhelm) 譯同一章時，亦用德文的 enstehen in，有「以之作爲基礎、來源」之意，離「生」的距離不遠；而在譯第四十二章時，則直接用 erzeugt，完完全全是「生」的意義，而且是由母體生出子體的行爲㉟。另一位翻譯《道德經》的 Günther Debon，對第四十章譯得很恰切，卽是用 geboren，完全是「生」的直譯㊱。

二、「生」概念的延伸

《道德經》中「生」概念出現了三十六詞次，其中有十三次是宇宙生成論方面。到了莊子的《南華眞經》，「生」概念竟然出現了二百五十一詞次，但其中絕大部份是探討「生命」的意義，以及對「生活」情調的提昇。對宇宙生成問題莊子所用的概念，有時是「出」，有時是「始」，有時是「起」：如「萬物出乎無有」（〈庚桑楚〉），與老子的「天下萬物生於有，有生於無」（《道德經》第四十章）有同義；又如「泰初有無，無有無名，一之所起，有一而未形」（〈天地〉）；再如「有始也者，有未始有始也者，有未始有夫未始有始也者」（〈齊物論〉）。

莊子的生命情調，表現得最深刻的，就是「天地與我並生，萬物與我爲一」（〈齊物論〉），把人的生命與天地萬物的生命看成一體；

㉝　《歷程與實在》，頁七。

㉞　鄔昆如著：《原始道家哲學「生」概念之詮釋》，頁三～四。

㉟　同上，頁四～五。

㊱　同上。

天地萬物的「生」，也就成了人的「生」；這種共生共存的意境，到最後的源頭便是「道」，而萬物一體的原理也在「道」，這也就是「道通爲一」的原理。人的生命活在「道」之內，在道德上是要知道取捨的，因而有「天下有道，　聖人成焉；　天下無道，　聖人生焉」（〈人間世〉）的結論。

「生」概念在道家的發展，到了列子時，就漸漸庸俗化；其神仙思想的「生」是避世的，　企圖超越肉體的死亡而進入不死不滅的狀態。在宇宙生成論中，淡忘了「道」本身的超越性和內存性；倒是有點像演化論的學說，就如：「久竹生青寧，青寧生程，程生馬，馬生人。人久入於機。萬物皆出於機，　皆入於機。」（〈天瑞〉）列子庸俗化「生」概念，還有下面一段話：「可以生而生，天福也；可以死而死，天福也；可以生而不生，天罰也；可以死而不死，天罰也。可以生，可以死，得生得死，有矣！」（〈力命〉）。把「生」概念落實到具體社會生活時，就顯得更加庸俗，卽是「天地萬物，與我並生類也。類無貴賤，徒以大小智力而相制，迭相食，然相爲而生之，人取可食者食之，豈天本爲人生之。且蚊蚋吸膚，虎狼食肉，雖天本爲蚊蚋生人，虎狼生肉者哉？」（〈說符〉）

道家「生」概念經由老子的開創，　莊子的繼成，　到列子開始沒落，而從宇宙之生成變化，轉變爲追求長生不老的肉體生命。

三、「生」與「歸」

但在另一角度看，道家的「生」概念的發展，原亦是從「生」到「生命」，再到「生活」的進程；這種發展的方向，原也是「道」在外顯過程中的次序。「道與萬物」的關係，本來也就是一步步潛在於

㊲　《莊子・知北遊》。

萬物之中，而成為「道在屎溺」**❸⁷** 的境地；但這潛在卻不是「道」的墮落，而卻是帶領「萬物」回歸「道」的原始境界，這也就是「道與世界」關係的另一層面，即是「歸」概念的運用。

原來，「道與萬物」的關係上，在宇宙生成論的觀點上看是「生」；但是，站在萬物的回應上看，則是「歸」。那即是：「致虛極，守靜篤，萬物並作，吾以觀復，夫物芸芸，各復歸其根。」**❸⁸**

在這裏，老子在「道與萬物」關係中所運用的「生」概念，配合了「歸」概念，也就形成一生生不息的宇宙，是一個動態的宇宙。

這動態宇宙是一個生命的整體；「道」雖然生了萬物，萬物卻並沒有獨立存在，而離開道；即是仍然在道的運作中，作着永恒的回「歸」行動**❸⁹**。

當然，「道生萬物」以及「萬物歸復」的運作，不是機械可以瞭解的，而是充滿著「玄」的面貌，是「玄之又玄」的道體的運作**❹⁰**。

這機體的運作模式，展示得最完美的，是在人生的層面，那就是莊子的生命情調的發揮，這生命情調的形而上基礎，在於「道與世界」的整體性，因而在生命過程中，所有的矛盾、對立、荒謬、疏離，都可用「以道觀之」的思想模式，獲得「道通為一」的境界和成果；這成果極像西洋哲學的古撒奴士(Nicolaus Cusanus, 1401-1464)所用的方法「在永恒形相之下」(sub specie aeternitatis)，以及所獲得的成果「對立和諧」(coincidentia oppositorum)；而且在「道」的原初性看來，亦大有萊布尼茲 (G. W. Leibniz, 1646-1716) 的「預定和諧」(harmonia praestabilita) 的功能。

---

❸⁸　《道德經》，第十六章。
❸⁹　鄔昆如著：《莊子與古希臘哲學中的道》，頁四七～四八。
❹⁰　方東美著：《原始儒家道家哲學》，頁一九〇。

再來就是從「生」概念導引出「生活智慧」的抉擇。而知道取捨進退，作爲道家現實人生觀的運用；上面提及的「天下有道，聖人成焉；天下無道，聖人生焉」❹ 就是最好的例證。

Ⅲ

道家的「生」概念與「歸」概念，在動態的宇宙理解上，簡直和懷德海的「上帝與世界」關係的「創生」概念以及「回應」概念，一模一樣，下圖可展示此一情形：

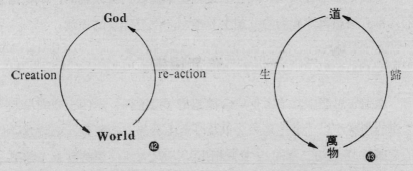

懷德海在這裏，還有一種解說，也可以一併來理解，那就是「二與多」以及「歷程」概念的運用：

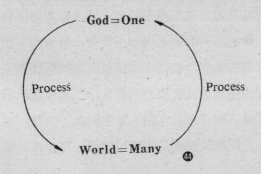

---

❹　《莊子‧人間世》。
❷　《歷程與實在》，頁三一、三四五。
❸　《道德經》，第四十、十六章。
❹　《歷程與實在》，頁三四九、三五〇。

　　無疑地，用「歷程」單一的概念，來取代向上之道，以及向下之道的運作，更能概括動態宇宙的特性，同時亦正展現出「上帝在世界中」的隱義。懷德海的「歷程哲學」也就是「機體哲學」，都在展現此一動態的宇宙，其中包含了上帝在內的世界，正如老子的哲學亦展示出動態的，包含道本身在內的萬物世界一般。

　　在「歷程」就是「創生」的命題下，懷德海的「創生」概念，也就與道家的「生」概念形成同義異字了。

　　上面是原則性以及一般性的比較，下面我們深入細節，試把道家的「生」概念與懷德海的「創生」概念，作更詳盡的描述。

一、「有無相生」

　　在道家思想中，宇宙生成論總認定《道德經》第四十章與第四十二章的內容，以「道生萬物」以及「有生於無」的原則，來論述「生」的意義，可是第二章的「有無相生」卻又忽然使思路跌進了迷惑。這情況極似懷德海的「創生」概念，後者原把「創生」的功能在傳統的意義上，歸於上帝，上帝是創造者；可是由於機體哲學的需要，以及動態宇宙的描述，又不能不說出：「上帝創造了世界，世界也創造了上帝。」❹ 在語句的形式內容上看來，道家的宇宙生成論與宇宙的動態本質之間的衝突，也恰好是懷德海在同樣問題上的衝突。而化解此衝突的方法運用以及說服力的程度，二者亦都同樣付之闕如。

　　道家的「無」與「道」之間的緊密關係不清楚，懷德海「上帝」與「現實物」之間的緊密關係亦難以釐清，可能都同屬於這問題的困難所在。

---

❹　《歷程與實在》，頁三四八。

二、超越與內存

無論上帝與世界的問題也好，或是道與萬物的關係也好，總是擺脫不了超越與內存的課題。在「生」的概念來看，道家的「道」顯然的是超越者，但從老子的超越卻很快地演進到莊子的內存。道的「恍兮惚兮」到「道在屎溺」的思想演變，幾乎有泛神論的色彩，而懷德海的「創生」概念，其上帝本當是超越的；但是，由於機體哲學的整體性，又不能不把上帝臨在在世界當中。當然，無論「道在萬物」或是「神在世界」，其實都成為融洽或調和的哲學問題。二元論當然是其剋星。於是，我們不難明瞭莊子為什麼花那末多的精神在〈齊物論〉的探討中，而懷德海則用了許多辯證來說明柏拉圖二元的困難。「生」概念和「創生」概念都在設法證實宇宙原是圓融的一體。

不過，道家對「道」的體認，總讓其保留超越的性格，雖然有內容的特性，但仍舊沒有丟棄超越的優位。但是，懷德海在其機體哲學中，儘量不讓上帝保留超越的遺產，而讓上帝降凡到其歷程的機體之中。

三、不斷創生

道家的宇宙是生生不息的，懷德海的創生也是沒有止息的；這也就是「能生」與「所生」融為一體之後的生命延續。為了展示這「創生」的「生生不息」狀態，懷德海在其「創生」(creativity) 之外，還直接用了「生」(generation)概念，來說明其心目中「機體」的「歷程」，而把「歷程」看成是「生的歷程」(genetic process)[46]；甚至

---

[46] 《歷程與實在》，頁二一九、二三五、二八三。

在人際關係的社會性中，亦用「生的關係」（genetic relation）❼；而由於這「生」的同質關係，道出了社會間的「相似性」以及「合羣性」，使個人的存在不致於有疏離感❽。

這樣，不斷創生的歷程，從最原初的現實物，一直到現實物落實到社會人際關係中，亦即從宇宙到人生，都形成一個不斷的延續。

當然，這種機體性的理解，由於淵源於物理的「運動變化」的觀察所得，其引伸出來的默視，也就並沒有走向兩極，卽對這現實物的最初來源以及對其最終歸宿的形上學課題，懷德海交代得並不清楚。原因非他，除非保留西洋傳統的上帝觀念，否則就難以把這原屬於上帝的特性「同時是起始，同時又是終了」的描繪突現出來。

道家在這方面比較幸運，一來因爲中國文化本身「天」概念並不像西洋「上帝」那末終極化，而道家的「道」則更是「無界定」的描述，其否定式的描述，遠比肯定式、積極性的描述多❾。也就因此，當其問及起始和終了的問題時，同樣可以用否定語句回答，卽是：道就是無始無終的，「道」的進一層描述，還可以是「無形無像」的；懷德海的「上帝」就無法用否定詞來界定；祂在機體哲學中，並非無形無像的，同時亦沒有肯定祂的無始無終。

在比較道家的「生」與懷德海的「創生」概念中，所實現的同是動態宇宙的課題；動態宇宙不一定否定超越上帝的「原動不動」（雖

❼　同上，頁三四。

❽　同上，頁八九～九〇。

❾　參閱鄔昆如著：〈否定詞在《道德經》中所扮演的角色〉，中央研究院國際漢學會議論文集，《思想與哲學組》（下冊），民國七十年十月十日，頁七九一～八〇〇。

然懷德海在這方面這樣認為）；因為物理的動原就與哲學的動並不完全吻合，前者可以假定「自動」（這也就是懷德海用「自因」的理由），而後者則必需有「被動」的序列順序，才足以解說生成變化的根本問題。再則，設定了一切都「自動」，也就不必要再有「創生」的問題發生。

宇宙的開始存在，以及宇宙的繼續存在，原是兩回事；道家的「生」概念，多少還顧及到宇宙生成論的課題；但是，懷德海的「創生」概念，似乎祇在宇宙延續的課題上打轉。

更進一步的批判是：無論道家的「生」概念，或是懷德海的「創生」概念，都太著眼於「宇宙」問題，而忽略了人文歷史的課題㊿，換句話說，重宇宙，忽略人文；重結構，忽略歷史。當然，道家的「生」亦貫注到「生命」「生活」層面，但那只是對生命較消極的看法，至少沒有積極參與人際關係的事務。至於懷德海，雖亦以「生的關係」來說明人際關係在社會中的重要性，但畢竟沒有把這關係的價值層面，尤其是倫理價值層面開展出來。

如何能使「生」和「創生」互相補足，以及二者進一步的比較，留待以後有機會再另文討論。

㊿　參閱沈清松：《現代哲學論衡》，頁一二四。

從懷德海哲學
看中西科技思想之比較

傅 佩 榮

引　言

懷德海（一八六一～一九四七）的基本訓練是自然科學，後來經由自然哲學的反省，進而建構形上學體系，涵蓋所有重要的哲學論題，奠下歷程哲學的宏規。在他所發表的著作中，連繫科學與哲學的關鍵作品是《科學與現代世界》❶。

《科學與現代世界》一書，上承懷氏對西方科學的源流正變的理解，下啟當代新宇宙觀之形成，是卽所謂由機械論（mechanism）過渡到機體論（organlsm）之詳細轉折。懷氏此書對於關心中西科技思想之比較的人，不僅提供了專業的素材，並且深具啟發性。就後者而論，我們想到以下幾點：

第一，英國生化學家李約瑟（Joseph Needham）的一系列研究中國科技文明史的著作，已經證實了：中國科學技術整體說來，在一五〇〇年以前領先全世界。自十六世紀開始，西方出現科學革命，乃立卽取而代之，並且保持領先直至今日。這其中的轉變應該如何予以說明？懷氏此書所論，述及西方科學心態之培養過程，可謂慧眼獨具，

---

❶　懷德海著，傅佩榮譯：《科學與現代世界》，原著於一九二五年出版，中譯本見於民國七十年八月，黎明版。本文以下引用資料，皆以中譯本爲準。

值得我們參考。

第二，懷氏此書詳述西方自十七世紀至當代的科學思想之演變過程，其中一方面承認與牛頓物理學相呼應之機械論實爲近代科學的基礎，並且扮演了重要的角色，但是另一方面又認眞批評此說，如自然二分法、簡單定位等，然後主張更符合實在界眞相的應是機體論，並援引相對論與量子論以爲證據。問題是：若不經由機械論的接引，可能出現機體論嗎？進而，中國科技思想的基本預設亦是某種機體論，那麼中國的機體論與西方當代的機體論可以對照比較嗎？爲了思考此一問題，我們首先須辨明懷氏所謂西方近代科技思想由機械論過渡到機體論的發展狀況。

第三，具體說來，中國的機體論對科技思想有何影響？爲何會有這一類型的影響？它與西方近代機體論相形之下有何利弊？如果上述問題並無明確答案，或者縱有答案也無濟於說明中國科技在十六世紀開始落後的原因，那麼我們是否必須轉而考慮宇宙觀以外的因素，如政治、社會、經濟等？或者，我們可以藉著重新釐清中國的機體論，使它在今日得以運作，然後在可見的未來帶領我們再度領先西方，因爲後者是到二十世紀才跨入機體論的宇宙觀的。這種構想是否可能實現？

針對以上三點初步考慮，本文將依序探討幾個獨立的問題，然後再作一綜合反省。這幾個問題是：

第一，說明十六世紀以前，我國的科技成就領先世人。這種領先是如何形成？有何特色？又爲何無法產生類似西方近代的科學革命？

第二，解釋西方近代科學革命的成因。首先，要談及科學心態的孕育，亦卽介紹懷德海所指出的三種文化背景：希臘的悲劇、羅馬的法律與中世紀的信仰。

第三，接著，科學心態造成機械論宇宙觀，有助於科學革命之成功，但其缺點亦同時出現。這一點是懷德海的洞識所在。配合本世紀相對論與量子論的發展，由此過渡到機體論的觀點，則是懷氏以科學連繫人生其他方面的可能性之基礎。這其中的演變步驟值得留意。

第四，西方當代發展成功的機體論，與中國原本早已在運作之中的機體論，兩者之間有何異同？我們在從事對照及比較時，能否因此而對實在界得到更深的認識？然後，中國科技思想又該如何調適，以期早日在科學領域再度取得領先的地位？這些問題很難得到明確的結論，本文所提供的材料與線索，若能有助於釐清反省的方向，則已達成初步目標。

一

首先，我們同意當代科學史家李約瑟（Joseph Needham）的研究成果，肯定在公元一五〇〇年以前，中國的科技水準領先世界各民族[2]。具體說來，紙、指南針、火藥、印刷術這四大發明全部出現於中國，不是一件偶然的事。公元一〇五年，東漢蔡倫由於絲棉加工技術的發展，製成了紙，使得大一統的國家所需要的信息交流與統一管理可以順利進行。印刷術、指南針、火藥也都可以歸類為「大一統型」技術，維持王朝的穩定與發展。與此並行不悖的是農業與手工業方面的技術發明，前者如公元前五〇六年，吳國修築的胥溪，溝通了長江水系，組成整體性的灌漑系統；後者如水排的構想，亦即借助水力的鼓風機，以應漢代的冶金之需。至於天文學與氣象學方面的觀察與記錄，以及曆法的製訂，更是人類文明進展上的獨創成就[3]。

---

[2] 李約瑟著，范庭育譯：《大滴定》（臺北：帕米爾，民國七十三年），中譯本序，頁一一。

[3] 同上，第一章，〈中國科學對世界的影響〉對此有詳細的引證。

這些事實提供我們以下三點反省:

第一，中國遠自周朝（公元前十二世紀末期），已經形成穩定而統一的國家，到秦漢之後這種統一型態更形明確。統一的國家可以打破古代技術固有之封閉性，使其不必局限於一時一地，而可以在轉移過程中發揚光大。這是西方自古分裂的局面所無法想像的優點。

第二，既然由國家的力量，如行政官僚系統，在主持技術之進展，則一切均以當下實用為首要考慮。純粹理論的研究因而受到相當的忽視。換言之，科學不曾成為專業領域，甚至連曆法也有明顯遷就政治需要的情形。

第三，大一統的理想與儒家一向強調的「治國平天下」有關，因此中國科學工藝所預設的宇宙觀與人生觀，在何種程度上受到儒家影響，亦是值得探討的題材。換言之，大一統只是「選擇」某些適合工藝發展的條件，而儒家等各派思想卻是「決定」每一種可以發展的工藝之顯示的模式❹。以下繼續申論這一點。

中國人在根本上比較重視具體經驗而輕視抽象理論，這種特色在科學工藝方面極為明顯。譬如，《易經‧繫辭傳》有「制器尚象」一語，總結了先王「仰觀天象，俯察地理，近取諸身，遠取諸物」這種訴諸直接經驗的辦法，就是根據當下直觀所得，制作器物以改善生活水準。

當下直觀所得，至為豐富，其基本原則如下:

首先，宇宙萬物顯示相反相成的動態系統，有日則有夜，有寒則有暑，有生則有死，有消則有長。這種系統可以用兩個基本的自然原理，陰與陽之對立、對等、對待，來加以說明。由陰陽思想涵蓋而有的是萬物之間的感應關係。

---

❹　同上，第七章，〈時間與東方人〉談到相關的問題。

其次，陰陽感應的思考模式，使人一方面體認現象與現象之間有一種像機體一樣的 (organismic) 對等關聯，同時也使人把自然界看成與人互動的整體，亦卽人不能自外於自然界，從事任何客觀的、無私趣的研究活動。這與西方近代以來機械論的 (mechanismic) 宇宙觀之著重因果蘊涵的思考模式大相逕庭。

然後，中國的宇宙觀成爲機體式的，或稱「有機的自然主義」❺，其中的秩序法則是客觀眞實的，但是如何理解這些法則呢？由於人也是整個大機體中的一部分，於是「天人合一」、「天人交感」、「天人相應」之類的信念普遍流行，接著再依此一信念去理解「天」這個自然界，形成「人化的自然界」，致使倫理中心主義的色彩滲入中國人對科學工藝的態度裏。如此形成的科學工藝有何特色呢？

一般而言，中國科學工藝的外在特色有二：一是配合大一統帝國的需要而發展某些特定的技術；二是技術應用的層次遠超過理論研究的層次，並且時常受到政治上的考慮所干擾。其內在特色亦有二點：

一、是直觀外推法與有機自然觀相互配合。從《易經·繫辭傳》的「制器尚象」，墨子的「類比思考」，荀子的「統類配應」，董仲舒《春秋繁露》的「同類相應，異類相感」，《淮南子》〈天文訓〉的「物類相動，本標相應」，王充《論衡》的「同類通氣，性相感動」，到明末方以智的《物理小識》中的思想，都表現了這一特色。以數學爲例，相傳在周代的商高就發現了勾股定理：「故折矩以爲句廣三，股修四，經偶五」，但是並未朝抽象的幾何式路線發展，卻走向具體的代數式路線，亦卽用於曆法的製作。其他如農業、化學、醫學等，皆有相似的情形。

---

❺ 同上，頁二一三，李約瑟稱此爲中國文化裏的「永恒哲學」。

二、是倫理主義與天人感應同時存在。儒家重視人性的滿全，此一滿全須由個人修身齊家出發，講究人類社會的和諧，同時進而以人的立場安排事物，就是《中庸》所謂的「參贊天地化育」。這種倫理主義強調的是「正德、利用、厚生」的優先順序，因此科學工藝自然應該為了人的幸福生活而服務，亦即表現為政治化、倫理化；若是科學工藝獨立發展，則往往被譏評為「末道小技」、「玩物喪志」、「本末倒置」等。與此同時，由道家、陰陽家所推演出來的天人感應，更使上述倫理主義具有一種神秘主義色彩。漢代以後盛行的陰陽五行相生相剋的思想，正是兩者結合的成果之一。

以上兩點特色本身並無大錯，也確實能夠使中國人在極早的時代就由觀察而發明不少工藝產品，並能在公元一五〇〇年以前領先各國的科學水準。換言之，中國科學落後的現象，是西方近代科學相對的快速進步所對照的結果。為什麼此一科學革命發生在西方，而不發生在一直領先的中國呢？這個問題目前仍在研究之中，尚無完整而公認的答案。但是，至少我們可以看看中國方面的情形，是否在其長處中已經蘊涵了限制？

中國的科學工藝能夠穩定發展，原是受益於大一統的帝國與官僚的封建制度，後來竟又受制於此，原因何在？在於它能有大一統型的通訊技術做為優越條件，但是一方面科學結構未曾發展成熟，就是獨立的理論研究與受控的實驗模式，無法循正式的教育管道傳遞發揚，另一方面則是社會結構未能隨之轉化創新，如政治、經濟、教育各方面仍是封建社會的舊規模，無法允許科學知識扮演應有的重要角色。

在深入一層的方法上，則直觀外推法限制了思想與概念在抽象理解方面的深度與廣度。對於直觀所能掌握的現象，就不需要作實驗證明；而直觀無法理解的現象，則實驗又不能證明什麼。這形成經驗與

神秘的兩個極端，一起放在自然機體論的系統中並行不悖。

至於倫理主義與天人感應，則進一步限制了法則的客觀性與獨立性。正如懷德海在《科學與現代世界》談到西方近代之所以能够產生科學革命，是因爲科學心態經過二千年的人文理念的薰陶，終於成熟。而此一科學心態之成因則是：希臘悲劇中的命運觀，中世基督宗教的上帝觀，以及羅馬時代的法律思想，共同匯聚爲對一種獨立自發而不以人意爲轉移的「法則」的信念。此法則是自然世界的規律，客觀實存，可以藉抽象的數字及物理公式表達出來。相形之下，中國的倫理主義與天人感應就無法塑成此一科學心態。

二

關於西方近代科學心態之形成，懷德海在《科學與現代世界》一書中，指出三點源遠流長的因素，頗有獨創的意見。以下分別由希臘的悲劇、羅馬的法律與中世紀的信仰，介紹懷氏的看法。

首先，懷氏認爲，「悲劇的本質並非不幸，而是事物無情活動的嚴肅性。但是命運的這種必然性，只有透過人生中眞實的不幸遭遇才能說明。因爲只有透過這些劇情才能說明逃避是無用的。這種無情的必然性充滿了科學思想。物理的定律卽是命運的律令。」❻ 我們可以設想：當希臘人羣集於露天劇場，觀賞索弗克里士 (Sophocles 495-406B. C.)所編寫的〈艾廸帕斯王〉(Oedipus the King)，隨著劇情的展開，眼見艾廸帕斯一步步走向命運安排的陷阱時，大家心中激起無比的憐憫與恐懼之情，但是終於還是懾服於「命運」的鐵律之下。面對命運所感受到的無奈，可以使人灰心喪志，也可以使人奮鬪不

---

❻　《科學與現代世界》，頁一一。

懈，在緊張的壓力下體認內心追求生命的意志。與此同時出現的，則是隱隱感覺到「天不從人願」，天人各有獨立的法則與秩序。

因此，懷德海主張：今日存在的科學思想，其始祖是古希臘的偉大悲劇家。他寫道：

> 他們認爲命運是冷酷無情的，驅使著悲劇性事件不可避免地發生；而這正是科學所持的觀點。希臘悲劇中的命運，成了近代思想中的自然秩序。他們全神貫注於特殊的英雄事蹟，把它當作命運的證明與實例；在我們這個時代，這一點表現爲致力於決定性事件的實驗上❼。

換言之，面對命運的感受是古今相同的，而命運與人們對自然秩序之信念，竟然可以由不同角度與不同領域，相互證明及相互增強。懷氏以他個人經驗爲例，他說：

> 我曾有幸參加在倫敦召開的皇家學會會議〔按：時在一九一九年〕，會中聽到英國皇家天文觀察員宣佈：著名的日蝕照片已經由他在格林威治天文臺的同事測量出來，結果證明愛因斯坦 (Einstein) 對光線經過太陽附近時將發生彎曲的預言是正確的。當時全場那種興高采烈的情緒完全是希臘戲劇式的氣氛；我們都同聲稱頌這一卓越事件在發展過程中所顯示的命運的律令❽。

其次，羅馬的法律如何增益這種科學信念呢？法律的制定有兩種方式，一是綜合人類的生活經驗，歸納出合宜的規範；二是預先辨明正當的規範，再以之約束人類的行爲。前者雖然較爲實際，但是缺點則是必須因時因地而制宜，不易產生根深蒂固的秩序觀念；後者無疑較爲抽象，但是可以產生恒定的秩序感。懷氏引用勒奇 (Lecky) 在

---

❼　同上。

❽　同上，頁一一～一二。

「歐洲倫理思想史」的說法，肯定羅馬法律屬於後者：羅馬的立法「根據哲學的模式而制定，因爲它並不純粹是適應社會實際需要的經驗系統，而是先確定許多有關權利的抽象原則，然後再力求符合。」❾

懷氏申論此說的效果：「羅馬帝國崩潰後，歐洲的廣大區域實際上都陷入無政府狀態。但法律秩序的觀念卻仍然存在於帝國人民的民族傳統中。同時西方敎會的繼續存在也活生生地體現了帝國法治的傳統。」❿

這種法律的烙印，「並不是幾句貫穿行爲的明智格言，而是一套明確規定的系統觀念，界定了一個社會機體的詳細結構與行動方式之法律義務。其中沒有任何含糊不清的東西。它並不是一些令人羨慕的格言，而是將事物放置並保持在適當位置上的確定程序。……顯然那是一個有秩序的思想的時期，完全是理性主義的時期。」⓫

最後這句話恐怕會使那些以爲中世紀屬於「黑暗時代」的人感到迷惑。難道中世紀的信仰也有理性主義的色調嗎？懷德海的想法是：中世紀思想對科學運動的形成，所作的最大貢獻是「一種堅定不移的信念，就是認爲每一細微事物都可以用完全肯定的方式與它的前提聯繫起來，並且聯繫方式也體現了普遍原則。沒有這個信念，科學家的驚人工程就毫無希望了。這個出自本能的信念生動地存在於推動各種研究的想像力之中，就是：有一個秘密存在，並且它是可以揭穿的。這個信念怎能如此生動地印在歐洲人的心中呢？」⓬

這個問題引導我們注意最後一個因素，卽是中世紀的信仰。懷氏認爲答案正在於此。他說：「它只有一個來源，卽：中世紀對神的理

❾　同上，頁一三。
❿　同上。
⓫　同上。
⓬　同上，頁一四。

性之堅定信念， 這種理性被視為兼具耶和華 (Jehovah) 本身的神力
與希臘哲學家的理性。每一細微事物都受著神的監督並被置於一種秩
序中，研究自然的結果只能證實對理性的信念。」結論是：「在近代
科學理論尚未發展以前，人們就相信科學可能成立的信念，是不知不
覺地從中世紀神學中導引出來的。」⑬

　　以上三種因素所塑成的科學心態，在近代表現為一種信念與一種
觀點。這種信念是研究科學時必須具備的，這種觀點則只有階段性與
局部性的作用。這種信念是：

　　(1)我們作為自身而存在時，不僅是我們自身而已；(2)我們的經驗
雖然模糊而零碎，但卻都說明了實在界最奧妙的深處；(3)事物的
細節必須放在整個事物的系統中一起觀察，才能見其本來面目；
　　(4)這種事物系統包含邏輯理性的諧和與美感境界的諧和；(5)邏輯
的諧和在宇宙中係作為一種無可變易的必然性而存在，美感的諧
和則在宇宙中作為一種生動活潑的理想而存在，並把宇宙走向更
細膩、更微妙的未來所經歷的斷裂過程熔接起來⑭。

　　至於這種觀點則是近代科學唯物論所據以立論的「科學宇宙觀」，
「這種宇宙觀事先假定有一種不以人意為轉移而且不為人所知的物質
存在，或是一種在外形的流變下充滿空間的質料存在。這種質料本身
並無知覺、價值，或目的。它所表現的一切就是它所表現的一切，它
根據外界關係加給它的固定規則來行動，而那些關係並不是從它本身
的性質產生出來的。」⑮懷德海這本著作的隨後幾章就在設法辨明這
種觀點的暫時有效性，以及由機械論轉移到機體論的步驟與關鍵。

---

⑬　　同上。
⑭　　同上，頁二一。
⑮　　同上，頁一九。

三

　　根據懷德海的研究，科學宇宙論與自然機械論是相輔相成的一對思想，對於近代科學的發展頗有助益，但是其中以偏概全的作法也造成了明顯的困難。以下三點特別值得注意，就是：簡單定位、自然二分法，與具體性誤置。

　　首先，簡單定位是指自然界之最基本的質料，在時間與空間中有一簡單的位置。質料在空間中可以說「在此（地）」，在時間中則可以說「在此（時）」，亦即在時——空中同樣可以說「在此」，其意義是完全確定的，毋須參照時——空中其他區域來作解釋❶。

　　這樣一來，世界就成為「物質瞬間位形（兼指位置與形狀）的連續。」問題是：瞬間位形如何連續？懷德海指出：

　　「很顯然，簡單定位的概念對歸納法而言，將產生極大的困難。因為物質位形在任何一段時間中的位置，若與過去未來的任何其他時間都沒有關係，則我們可以立即推論：任何時期中的自然界都與其他時期中的自然界沒有關係。因此歸納法便無法根據那通過觀察可以確定為自然界固有的事物。而我們對任何定律，如萬有引力定律等的信念，便都不能在自然界中找到根據。換句話說，自然的秩序，不能單憑對自然的觀察來決定。因為當前的事物中並沒有固定的東西可以聯貫到過去和未來。」❶

　　其次，自然二分法是近代心物二元論的影響所形成的。自然界一分為二，有主觀的源於感覺的一面，也有客觀的所謂事物本身。後者稱為「第一屬性」，前者稱為「第二屬性」，分別代表自然的秩序與

---

❶　同上，頁五三～五四。
❶　同上，頁五六。

心靈的感知。基於這種自然二分法，所得到的見解是：

> 於是物體便被認為具有某種性質，其實那種性質並不屬於它的本
> 身，而純粹是心靈的產物。因此自然所產生的功效其實是屬於我
> 們自己的：如玫瑰花的香氣、夜鶯的歌聲、太陽的光芒等都是如
> 此。詩人們一錯再錯，他們的抒情詩不應對著自然，而應對著自
> 己寫；他們應當把這些詩變成對人類卓越心靈的自我歌頌。自然
> 界是枯燥之味的，既沒有聲音，也沒有香氣或顏色，而只有質料
> 在毫無意義地、永遠不停地匆匆流轉⓲。

這種自然觀顯然不是事實，因為從感覺到認知如果都是心靈內部
的運作的結果，那麼所有的科學研究都無從著手，亦即人類根本無法
跨越出自我的世界，對自然本身進行客觀的探討了。問題出在那裏？
出在懷德海所謂的「具體性誤置」。

「具體性誤置」出自我們對「實體與屬性」的思考模式。這種思
考模式使我們在面對一物時，以其屬性來觀察它，如硬、圓、藍、鬧
聲等。離開這些屬性，我們對該物一無所知。由於這些屬性可能產生
變化，我們便假設有一不變化的該物本身存在，是為實體。而事實
上，我們又往往把一些抽象概念（如質料、時間、空間）當成具體的
實在所有的東西。前面所談到的簡單定位與自然二分法都是這種「具
體性誤置」所形成的結果。

追根究底，懷德海回到自然機械論，提出他的批判。他的批判是
要由機械論過渡到機體論，中間經過的一步是暫時的唯實論。

懷氏首先打破簡單定位的觀念。他認為「時──空」有三種特
性：分離性、攝受性，與樣態性。分別說來，就是：（一）事物被空

⓲ 同上，頁五九。

間隔開， 也被時間隔開； （二）但是它們又在空間中一起存在， 也在時間中一起存在——卽使它們不發生在同一時候亦然； （三）它們只能處在某一地方與某一時段⑲。這種時空觀念導致一種暫時的唯實論，其要旨是：

「把自然視爲攝受統一體的綜合。時間空間則表現爲這些攝受體之間相互關係的一般格式。其中任何一種皆無法從這種關聯組織中除去；並且每一攝受體都具有整個綜合體所具有的實在性。反過來說，整體也具有每一攝受體那樣的實在性；因爲每一攝受體都統一了從它本身出發賦予整體中其他部分的樣態。攝受體就是一個統一的過程。因此，自然是一個擴張性的發展過程，它必然地從一個攝受體過渡到另一攝受體。被達成之物就被超越過去了，但卻仍有本身的位態呈現於未來的攝受體中，因而又被保存了下來。因此，自然是一個演化過程的結構。實在卽是歷程。」⑳

懷氏後來出版的代表作， 名爲《 歷程與實在 》 (*Process and Reality*)， 其基本思想已經在此舖陳了。他進一步說明機械論與機體論的銜接， 甚至以「機體機械論」(organic mechanism) 一詞來形容自己的理論：「在這理論中，分子將依照一般規律盲目運行，但是每一分子由於所屬整體的一般機體結構不同，而使其內在性質也隨之各不相同。」㉑ 這段話若不以實例解釋，是不易明白的。懷德海說：

我的理論是主張： 一切唯物論概念只能應用於邏輯思辨所產生的極抽象的實有 。 而持續的具體實有就是機體， 因此「整體」機體的結構對於附屬機體的性質必有影響。以動物爲例，心理狀態

---

⑲　同上，頁七〇。
⑳　同上，頁八〇。
㉑　同上，頁九〇。

進入了整個機體的構成中，因此對於一連串的附屬機體，直到最小的機體如電子等都有影響。因而生物體內的電子由於軀體結構的緣故，遂與體外的電子不同。電子在體內體外都是盲目運行，但在體內時則遵照它在體內的性質運行；亦即遵照軀體的一般結構運行，而這結構便包括心理狀態在內，變更性狀的原理在自然界是普遍的現象，決不是生物體所獨有的特徵。……若接受這一原理，就必須放棄傳統的科學唯物論，而代之以機體論的說法㉒。

四

經由以上簡單的介紹，我們發現西方繞了一個圈子，才肯定機體論，而中國原本即對機體論深有體認。問題是：這兩種機體論有何異同？本文無法輕易論斷，只能作一簡單反省。

中國的機體論是有機的自然觀，其特色在於肯定自然界的法則與人間的法則是互動的。由此形成的科技思想一方面不致低估人的存在意義，另一方面則使人無法完全客觀，不易從事獨立的理論研究。西方近代的機體論則經由機械論的過渡，或者站在機械論的立場上跨出新的步子，因此對於獨立的自然法則、客觀的理論研究皆無懷疑或困難。換言之，機體論在西方當代，扮演的角色與其說是在說明整體實在界的真相，不如說是在提供一種理解的觀點。亦即，機體論在西方未必能夠涵蓋人生的意義問題。

本文以為，機體論是一種涵蓋整體的統合觀點，重合不重分，用於科技思想則易疏忽各領域獨立的結構、規則與運作。今日中國欲

㉒ 同上。

在科技方面後來居上或恢復領先地位，恐怕不能直接訴諸傳統的機體論，而必須經由機械論的接引，以便先分再合。然而，這種迂迴是否必要？或者，採取一種折衷之途，兼採機體論與機械論雙方之長處？關於此一問題，懷德海哲學應該可以提供值得我們參考的答案。

〔附 錄〕

《科學與現代世界》簡介

傅 佩 榮

一

懷德海（A. N. Whitehead 1861-1947）是當代英美第一大哲，他的思想貫穿了科學、哲學與宗教，不僅博大圓融，而且迭創新境。他的學術生命可以畫分為三個時期：（一）劍橋時期，他十九歲入劍橋大學，專研數學，畢業後留校任教達三十年之久。這段期間他出版了幾本有關代數與幾何的論文，並與他的學生羅素（B. Russell）合著《數學原理》——主旨在證明數學可以從形式邏輯的前提推演而成。這部書早已成為當代數理邏輯的經典之作，但是懷德海與羅素之分道揚鑣也種因於此，懷氏曾說：「我與羅素對符號的運用意見相同，但是對符號的意義則意見不同。」數學是一切科學的基礎，懷氏早年所受的數學教育，使他對近代的科學思潮可以出入自得。

（二）倫敦時期。懷氏於一九一一年應聘於倫敦大學，他的思想逐漸擴展到哲學領域。這段期間的著作都是銜接科學與哲學的，像「自然知識原理」、「自然概念」、「相對論原理」等。

（三）哈佛時期。一九二四年是懷德海生命中的轉振點。當時他已六十三歲，由於接受哈佛大學的邀請而移居美國，開始講授哲學。這是他一生中最具創力而又意興風發的時期。哈佛上空升起了燦爛的光芒；由於他，哈佛大學恢復了昔日威廉詹姆士、羅益士、桑塔耶納、閔斯特伯等羣賢畢集的黃金時代。懷氏的代表作相繼問世，造成科學界、哲學界、宗教界的連環震撼。他的《科學與現代世界》（一

九二五年）被譽爲「自笛卡兒方法論以來，探討科學與哲學關係的最
重要著作」。他的《歷程與實在》（一九二九年）則是今日各種「歷
程學派」的開山經典，也是機體主義哲學的扛鼎之作。其中觀念之綜
攝、見解之獨到、語彙之創新、氣勢之宏偉，皆爲當世罕有。至於思
想要義，論者多以中國華嚴宗哲學的周遍圓融來相互顯揚。懷氏又有
專書討論「宗敎之形成」、「觀念之探險」、「理性之職能」、「敎
育之目的」、「思想之模式」等等。總結懷氏一生敎學五十四年，除
了自身遨翔於學術領域、成就一代宗師之外，更能積極入世、關懷人
間；他在哈佛執敎期間，每週一晚上在家中與學生聚會暢談，十三年
之久從未間斷。他的熱忱與專注簡直是宗敎性的。普萊士在《懷德海
對話錄》序言中說：「我在一日工作之餘前往懷府，這時我疲倦得幾
乎不能維持連續的交談。然而，跟他經過四、五個小時的交談而在半
夜出來之後，我總興奮得像有一把熊熊的生命之火在燃燒似的。難道
他能放射出精神的電力嗎？」

二

　　懷氏的智慧不僅在談話中閃現光彩，同時在著作中也經常凝鍊爲
格言式的佳構，傳頌一時。像《科學與現代世界》這種看似艱深的題
材，他也處理的興味盎然。

　　首先，懷氏討論「近代科學的起源」，他指出：希臘的悲劇、羅
馬的法律、中世紀對神的信仰，共同形成近代人潛意識中對「自然秩
序」的絕對信念，奠下了科學探討的基礎。接著，懷氏指出「思想史
中的『數學』因素」是促發近代科學興起的關鍵，並且簡述數學在全
盤歐洲歷史中的影響。

　　然後，懷氏分章詳述十七、十八、十九三個世紀中，西方文化在

科學發展的影響下所呈顯的面貌。十七世紀是「天才的世紀」，那個時代的人繼承了十六世紀歷史性革命所引發的觀念酵素，又把涉及人生各方面的現成思想體系傳給後代。當時曾經發表世界性重要著作的人物比比皆是，像法蘭西斯培根、哈維、克普勒、伽利略、笛卡兒、巴斯卡、于義更、波義爾、牛頓、洛克、史賓諾莎、萊布尼茲等。其中，伽利略、笛卡兒、于義更、與牛頓尤為傑出，「這四人通力合作所獲的成就，可以理直氣壯地視為人類知識史上最偉大的史無前例的貢獻。」近代科學的整個理論架構在此完全確立。但是這個時期的宇宙觀卻難免於淪入「自然機械論」，就是以自然為大機械的唯物論與決定論。萬物在時間與空間中是以「簡單定位」的方式存在的，亦即各自孤立，其間只有外在關係，而無內性表達。物質與心靈成為兩個隔絕的系統，無法溝通。「自然界是枯燥乏味的，既沒有聲音，也沒有香氣或顏色，而只有質料在毫無意義地、永遠不停地匆匆流轉。」

懷氏認為，「文明如果不能超脫流行的抽象概念，便會在極其有限的進步之後陷於癱瘓。」十八世紀的思想家對於「簡單定位」提出了批評，連帶也逐漸瓦解了自然機械論。在「空間」中，每一體積皆在自身反映出其他體積。同樣，每一段「時間」的延續也在本身反映出一切時間的延續。「時——空」合而觀之，是事件相互之間的秩序，以及事件本身某些特質的展示。這樣一來，「自然」可以被視為「攝受統一體的綜合」，而成為一個擴張性的發展過程；它必然地從一個攝受體過渡到另一攝受體，而使過去、現在、未來形成動態的辨證關係；它本身又是一個演化過程的結構：實在即是歷程。可惜的是，這套學說在當時還只在構思階段。

三

　　懷氏的豐富才學使他在進行討論十九世紀之前，從科學的角度分析「浪漫主義的逆潮」。他引用了米爾頓的《失樂園》、波普的《論人》、華茲華斯的《漫遊集》、坦尼遜的《追憶集》、雪萊的《解放了的普羅米修斯》與《白山》等。這些引述與分析充分證明了：眞正偉大的文學家不僅能夠反映時代風潮，更能掌握時代精神，點化時代癥結，深入理解時代的宇宙觀與形上信念。懷氏根據上述「逆潮」來證明他的理論是時代的正確動向。他的主張是「機體機械論」──分子將遵照一般規律盲目運行，但是每一分子由於所屬整體的一般機體結構不同，而使其內在性質也隨之各不相同。這樣一來，「心靈」的意義獲得肯定，「價值」的體驗也得到了證實。

　　十九世紀最大的發明，就是找到了「發明的方法」。在科學方面這是一個連接理論與實踐的時代。懷氏指出四大基本概念之遞嬗與證驗，就是：物理作用場、原子機體觀、能量不滅律、與演化原理。機體不僅具備交互作用，而且能夠選擇目的、協調發展；對於周遭的環境，機體可以適應，更能夠創造新的生機。懷氏由英美新實在論的背景出發，終能步上機體論與歷程論，並與法哲柏格森的創化論遙相呼應，實爲當代思潮的一大盛事。

　　接著，懷氏評介了相對論與量子論。他不僅詳細描述這兩種學說的產生過程，同時還以他所主張的「自然機體論」來互相闡發。這兩章導引出他對「科學與哲學」的討論。根據懷氏的了解，十七世紀以來，科學守住了唯物的自然，哲學則守住了思維的心智。這種科哲分家的現象，造成了主客對立的心物二元論。但是，我們的意志下決定時，軀體也會發生物理作用；這說明分子在軀體中會受到「整個」模式的影響而改變。不但如此，我們自身即是把多種不屬自己的事物統一起來的功能；沒有任何主體具有獨立的實在，因爲一切主體都是包

容其他主體的有限位態而成的。機體論的出發點，是事物處在互相關聯的共域中的體現過程——實在即是歷程。

四

本書最具形上色彩的兩章是「抽象」與「上帝」。

西方傳統形上學的核心概念是「共相」，意指抽象而超越的實有；懷德海以「永恒所對」來取代「共相」一詞，似乎更能表達「共相」原有之既超越而又遙契內在的雙廻向性質。他所謂的「抽象」是：永恒所對本身不必涉及任何特殊的經驗事態就可以直接理解，但是它與實際事態又必須有恰當的聯繫。至於「上帝」概念，則是亞里斯多德整個形上系統的蓋頂石。懷氏首先承認亞氏爲最偉大的形上學家，但是對於亞氏以上帝爲「第一推動者」提出質疑。由於物理學的進步與宇宙觀的修正，懷氏主張上帝是「終極的限制」，是一切具體事物實際性的根據。但是對於上帝的本性卻無法申說，因爲那種本性就是理性的基礎。這套思想在懷氏《宗教之形成》與《歷程與實在》中都加以充分闡發，並且啟導了當代宗教哲學的兩大顯學之一——「歷程神學」：一方面使上帝擺脫「惡源」之罪名，另一方面使人類的自由意志得以立足。

宗教與科學之間的衝突由來已久，似乎難以化解。近三世紀以來，宗教一直處於防守地位，顯得欲振乏力。因爲科學每前進一步，便證明宗教信念的表達方式需要作某種修正。但是，宗教的存在可以忽視嗎？絕對不可以。懷氏認爲，宗教表達了人類某種基本經驗，是人性尋求上帝的反響。這種反響使人類產生崇拜之心與虔敬之德，進而爲實際人生的價值（如道德與美感）奠下基石。但是，宗教並非人類的鴉片，上帝也不是弱者的避風港；懷氏嚴正指出：「對上帝的崇

拜不是安危的法則，而是一種精神的探險，是追求無法達成的目標之行動。壓抑高尚的探險希望，就是宗教滅亡的來臨。」這段話對今日宗教界應是暮鼓晨鐘。

總結以上所論，懷氏最後落實於當前社會，談到「社會進步之要件」。科學的發展促使社會結構趨於分工與專化；但是細節上的進步只能增加由於調度不當而生的危險。換句話說，就是：總的方向發生了迷惑，以致形成不和諧的整體。只有提倡「機體主義」才能對症下藥。從教育的觀點來看，懷氏所欣賞的人格是「文質彬彬，然後君子」。從人類生存的角度來看，懷氏認為只有互助合作才是唯一的真理。他的解釋親切可喜，他說：「人類需要鄰人具有足夠的相似處，以便互相理解；具有足夠的相異處，以便激起注意；具有足夠的偉大處，以便引發羨慕。」

偉大的世紀都是不安定的世紀——正因為不安定，人類在各方面的天才必須一展無遺。而在所有天才中，又以哲學家最為可貴。懷德海在本章結束時說：「偉大的征服者從亞歷山大到凱撒，從凱撒到拿破崙，對後世的生活都有深刻的影響。但是從泰利斯到現代一系列的思想家，能夠移風易俗、改革思想原則。前者比起後者，又顯得微不足道了。這些思想家個別看來是無能為力的，但最後卻是世界的主宰。」這段話放在我國歷史上來看，也是非常恰當的。

五

以上所述，只是簡略介紹懷氏《科學與現代世界》一書的要旨。對於研究哲學的人而言，這本書提供了近代科學思潮的來龍去脈以及優劣定位，更能銜接科學、哲學，與宗教，辨明其交互作用與密切關係。對於研究科學的人而言，這本書展現了科學革命的形上基礎，並

且點出了科學前景的因應之道。對於一般知識份子，則這本書是現代
心靈的寶藏之一，值得細讀深思。

《周易》的形上思維之再探

——從黑格爾與懷德海之批判「主謂式」的形上命題著眼

蔣 年 豐

　　本文的主要工作乃是拿黑格爾（G. W. F. Hegel）與懷德海（A. N. Whitehead）對西方傳統「主謂式」（subject-predicate form）的形上思維的批判來探究《周易》的形上思維。我們首先要處理的是黑格爾在《精神現象學》（*Phenomenology of Spirit*）的〈序文〉中所揭示的對斯賓諾莎「神即自然」這種主謂式的形上思維的批判。依黑格爾之見，這種形上思維有兩個缺點。第一，它澈底解消了精神主體性。第二，這一種思想所映照出來的形上世界乃是一種缺乏精神向上發展的世界。接著要處理的是懷德海在《歷程與實在》（*Process and Reality*）一書中所揭示的對亞里士多德式的「實體—屬性」及「主詞—謂詞（賓詞）」式的形上思維的批判。依懷德海之見，這種形上思維使得我們對世界事物的眞相之把握產生了扭曲與顚倒。我們會把抽象化後的成品當作眞實的面貌。這個錯誤的根源在於我們一方面設定事物具有僵固不變的實體作爲它的本性；另一方面拿抽象而得的共相來描繪這個實體，並以這些共相爲其屬性。最後，我們要闡述的是《周易》的形上思想固然沒有明確地批評主謂式形上思維的侷限與缺憾，但它卻很清楚地擺脫了以上這四種弊病。這裏可印證《周易》形上思維的成熟與洞見。就這個意義而言，它可說是實現了黑格爾與懷德海心目中完滿的形上思維。

黑格爾的《精神現象學》所要闡釋的是，文化乃是人之精神之不同表現的結果。也就是說，文化生命乃是精神自我客觀化的現象，因而《精神現象學》在方法論上乃是將各種不同的精神表現依其價值由低往高加以排列，就著這個由低往高的精神表現，黑格爾便論證文化生命的內涵以及歷史進展的意義。在這本書中，黑格爾指出精神之所以需要曲曲折折地開展表現出來，其基本的原因是精神主體之自求顯豁，自求證實。所以價值較低的精神表現與價值較高的精神表現並非兩個不同的精神，而是同一個精神的不同風貌。可以說，從低往高之走乃是精神主體之步步高昇，也可說是與精神相對峙之外物的步步內化。精神主體昇得愈高，它所運作的內化愈多，它所涵括的內容便愈豐富。到了最後，也就是當精神主體全然自我挺立，自我朗現時，我們便可看到精神主體其內涵的全幅面貌。這個境界稱爲「絕對精神」(the absolute spirit)。

黑格爾這種形上思維至少包含四個要旨。第一是黑格爾點明精神之進程乃是從實體(substance)到主體(subject)。這涵蘊著僵固不變的實體乃是形上思維的死胡同；眞正的實體是變動不居的，不斷地在變化當中開展其潛在的本性。在黑格爾的系統中，「變化」(becoming)所涉指的並不是僵固不變的實體與外物相接應之後所產生的性質上的變異；它所涉指的是一個既能從它自身中分裂出其相對物，而自身又能躍昇至更高的層次來統合此相對物的實體在不斷的開展過程中所體驗的。這樣的實體乃是活生生的(living substance)❶。這個活生生的實體之所以會開顯出變化便是爲了完成其主體性所致。職是之故，黑

---

❶ 見黑格爾的《精神現象學》(Hegel's *Phenomenology of Spirit*), trans. by A. V. Miller (Oxford: Oxford University Press, 1977), 頁一○。

格爾說能開顯眞理內容者不僅是實體，而且也是主體❷。事實上，黑格爾說當精神進展到最後與最高的境界時，也就是精神成就自己成爲絕對精神時，我們可發現到「實體本質上乃是主體」❸；而這一點乃是當代（法國大革命起）與當代宗教（新教）之所以成立的基本信念。在《精神現象學》中，黑格爾極力區分古典精神與當代精神的不同。他說當代人文教育的課題是就著人的個體性去點醒人所秉具的精神主體性。有此精神主體便可使每個生命中的個殊性也能具有普遍性。這乃是精神生活最高的成就❹。

黑格爾形上思維的第二個要旨是精神之進展，文化之活動與歷史之進程都是有目的性的——卽在彰顯人的精神主體❺。在強調目的性上，他是認同亞里士多德的。但他說亞里士多德的目的論是個「外在的目的論」（external teleology）❻。黑格爾這個評斷是就亞里士多德的形上學植基於對生物界的觀察而得而言的。黑格爾的思想乃是唯心論。他所講的目的論乃植基於對西方人文思想之省察而歸結出來的。他強調的是在各種不同的文化意識中所表現出來的理性律動自身所含藏的目的。所以他說：「理性是個目的性的活動。」❼亞里士多德認爲每個生物爲了完成其目的因，故有成串變化的過程。這一點也爲黑格爾所承繼。他認爲精神爲了實現其目的，其自身必會產生變動（movement）與變化（becoming）。所以他說：「已實現的目的，或者實存的現實性，乃是變動與開展出來的變化。」❽這也就是黑格爾形

---

❷　同上，頁一〇。
❸　同上，頁一四
❹　同上，頁一九～二〇。
❺　同上，頁一一。
❻　同上，頁一二。
❼　同上，頁一二。
❽　同上，頁一二。

上思維的第三個要旨。

　　這個變動有三個特點。第一、它是原始反終，周流循環的❾。因為黑格爾已明言，精神之發展乃從實體到主體。而這兩者並非兩樣事物，只是同一精神的不同面貌而已。這一點可以從他以下的話語看出——「只因為開始者即是目的所在，故結果即是開始。」❿ 第二個特點是這個精神發展的進程乃是「系列的進展」(serial progression)⓫。蓋文化乃是人文精神之表現，在《精神現象學》的研究中，我們可以看到這些不同的人文精神之表現乃是人心靈中理性之發揚；我們可以在這些不同的理性表現中找到邏輯軌跡，依其價值之高低予以排列而形成精神進展的系列。第三個特點是這個精神的進展必是辯證的⓬。之所以有精神現象乃是因為精神主體為了充分高明化、深刻化及廣潤化自己的內涵所致。在這個精神不斷躍昇的過程中，它一定要將本來與它相對峙的外物逐漸內化進來成為自己內在的精神表現。這個過程是通過正反合而曲折進行的。此時之正與一反相對；之後，此正與反經過統一而達到更高層次之合；然此合本身又是一正；此正又得將它所對之反統合。如此進行便構成辯證的過程。具有這三種特點的精神律動所彰顯出來的真理一定是整體性的⓭；而我們由此得到的知識必然是系統性的⓮。蓋精神發展的歷程中所經驗到的都是精神主體的內容，都有它們的價值；將這些經驗有系統地舖陳出來成為一有機的整體正是《精神現象學》所要從事的工作。這也是黑格爾形上思維的

---

❾　同上，頁一〇。
❿　同上，頁一二。
⓫　同上，頁五一。
⓬　同上，頁五五。
⓭　同上，頁一一。
⓮　同上，頁一三。

第四個要旨。

　　具備著這四個形上學要旨的黑格爾的哲學系統必然地對斯賓諾莎式的形上思維感到不滿。黑格爾認爲把神當作主詞而把「永恒不朽」、「世界秩序」與「愛」當作神的謂詞（賓詞）這種形上思維的錯誤在於這個主詞所意指的主體乃是一個抽象空洞的、僵固的東西。黑格爾指出，事實上這些賓詞之隸屬於這主詞是由於人用概念強加上去的，並不是這個主體本身所開展出來的❺。所以這個主體是「無意義的聲音，只是個空名而已。」❻ 既然在這種主謂式的形上思維中，主體只是個空洞的存在，這表示當一個人的形上思維以此模式進行時，人的精神主體乃是受到裁抑，不得伸展。也就是說，當人們以此模式來進行形上思考時，他們已犧牲了他們自身的精神主體性。而犧牲精神主體性去進行的形上思考是虛妄的，其結果是一無所獲。正如黑格爾所描述的——「這些人的心靈全然地投置到實體的狂熱中，幻想著遮掩掉他們的自我意識與放棄掉他們的知解力。在睡眠中，他們爲神所愛，並蒙其智慧；但他們實際上所得到的只是個夢而已。」❼

　　黑格爾認爲對眞理的追求必待精神主體之挺立才有可能。精神主體之挺立即表示精神能自覺，能自覺即表示精神能自求實現。在這個自求實現中即可見精神自身之變動。在精神自身的變動中，我們即可看見主謂式的形上命題中，謂詞（賓詞）所涉指的不再是主詞的附庸，而應該就是實體自己——所以實體乃是精神主體欲自我完成時所必須涵蓋的內容❽。黑格爾這樣的形上思維意味著，眞正的形上學命

---

❺　同上，頁一三。
❻　同上，頁一二。
❼　同上，頁六。
❽　同上，頁三七。

題是不能以傳統形上學所慣用的「主謂式」的模式來描述的。換句話說，如此的描述會將眞實的形上義理扼殺掉。因此黑格爾說：「以上所說的，可以正式地表示爲：判斷或命題一般說來是在自身中包含著主詞和賓詞的差別的，命題的這種性質已被思辨命題所破壞，而由思辨命題所變成的同一命題，包含著對上述主詞與賓詞關係的反擊」，⑲ 以及

> 其實，事情的眞實情況，上文已經闡明了：哲學命題，由於已是命題，它就令人想起關於通常的主賓詞關係和關於知識的通常情況的見解，這種知識情況和關於這種情況的見解，卻爲命題的哲學內容所破壞了，……〔我們〕現在經驗到……〔的〕情況與……〔舊日的見解〕所以爲的大不相同；而舊的見解既已作了這種修正，知識於是就不得不回到命題上來，以與從前不同的方式來把握命題⑳。

從這兩段引文，我們可以看到黑格爾的意思並非我們不可以用主謂式的命題來陳述形上知識，而是說當如此運用時，切莫被傳統的，尤其是斯賓諾莎式的，形上學的思維方式箝制住；簡單地說，就是形上思維不應爲語言的命題形式所侷限，眞理乃在言詮之上。依黑格爾之見，儘管在語言表達上，主賓二詞有別，但它們所意指的乃是具有辯證關係的精神表現㉑。

在《科學與當今世界》(*Science and the Modern World*) 中，懷德海論述說，從十九世紀以來，科學理論（包括相對論與量子論）已不斷地顯示以物之實體沈滯不變，所變者唯其屬性的觀念已經落伍

---

⑲　引自賀自昭與王玖興所合譯之黑格爾的《精神現象學》（臺北：里仁書局，一九八四年），頁四七。

⑳　同上，頁四八～四九。

㉑　同上，頁四七。

了。新的科學方法的運用揭示了新的世界觀。具有科學心靈的人開始以「機體」(organism) 的角度來詮釋物質 (material) 與原子 (atom) 這兩個機械性的觀念。也就是說科學的角度不再純為物理學的, 也不純為生物學的。科學所研究的乃是貫通這兩個領域而為其共同對象的機體。這種新世界觀在詮釋宇宙事物時特別強調歷程 (process) 的重要性; 這種觀點也連帶地使科學家把關聯性極強的事件 (event) 這概念當作自然現象最基本的單位㉒。

由對科學理論的反省, 懷德海回過頭來審察當今哲學的處境。大體上, 他有兩個看法。第一是, 儘管近世以來基於對傳統哲學的不滿已迫使詹姆士、柏格森等人提出革命性的理論以開展新的哲學領域㉓, 然而一個完整而系統地呈現新的形上世界, 並與當前科學的新發現相呼應的哲學尚付闕如。 他的機體哲學 (philosophy of organism) 所要從事的便是這個工作。 第二是, 當今哲學的危機在於哲學家的形上思維仍舊無法擺脫亞里士多德的模式。亞里士多德式的思維方式不但使近代的形上理論無法反應科學的新發展, 而且將哲學帶到了一個死胡同。主客對立, 無法溝通, 以及經驗之描述流於空洞狹隘皆是明顯的例子。事實上, 懷德海認為休謨與康德這兩位哲學家最是暴露出這種思維方式的缺憾㉔。如因果關聯乃是我們生活中最具體的經驗, 但在前者的哲學體系中, 它並無理性之根據, 只是心理習慣而已; 而在後者的哲學體系中, 它卻必須植基於形式意義與抽象意義極強的所

㉒ 見 *Science and the Modern World* (New York: The Free Press, 1967) 頁九五～一一二, 特別是頁九六、一〇二及一〇三。

㉓ 同上, 頁一三九～一五六。懷德海認為柏格森比詹姆士更接近他的機體哲學, 見頁一四七。

㉔ 見懷德海 (A.N. Whitehead) 之 《歷程與實在》 (*Process and Reality*), ed. D.R. Griffin and D.W. Sherburne (New York: The Free Prees, 1978), 頁一五五～一六二。

謂的先天的知性概念。由這兩點便可看出，懷德海在建構機體哲學的過程中所面臨的最大的挑戰便在於如何克服亞里士多德主謂命題式的形上思維所引生的各種思考障礙。

在《歷程與實在》該書中，懷德海一開始便很清楚地表示「形上學的一個實用的目的在於精確地分析命題；不僅分析形上命題，也分析一般的命題……」㉕。不過他很清楚語言的侷限，他知道很多形上的義理無法充分以日常語言來表達，甚至完全背道而馳都有可能。最明顯的例子是我們的語言表達中所用的命題都是主謂式 (subject-predicate form) 的，而這種表達方式常常誤導我們去構築與此語法相對應的形上世界㉖。依懷德海之見，亞里士多德形上學的表達方式卽是這個錯誤見解的濫觴。懷德海認爲這種形上思維及此形上思維所構築出來的形上世界事實上是眞實程度最低淺的世界，與眞實的生活世界最不能相應。懷德海之所以要建立機體哲學便是要破除這種妄執。質言之，他要建立一個可以取代亞里士多德式的新的形上思維方式。懷德海說：

> 以下對機體哲學的討論乃憑據著這樣的信念：主謂式的命題，除
> 了用在主觀形式上之外，所關切的都是高階的抽象物。除非是
> 〔某些特定〕的情形，這麼一種抽象工作與形上的描述是搭不上
> 的。從上古末期始，亞里士多德的邏輯便主宰了形上學的思想，
> 將由其邏輯術語衍生出來的思想範疇套在形上的思想模式上㉗。

在從事哲學研究上，懷德海很明白他工作的艱鉅性。這個工作的艱鉅性在於，西方形上學的思維所中的亞里士多德式的思維方式的毒

㉕　同上，頁一一。
㉖　同上，頁一二～一三；亦可參見頁一三七。
㉗　同上，頁三〇。

相當地深。一個很諷刺的事實是，很多哲學家雖然早對亞里士多德的形上思維方式不滿，並針對亞里士多德「實體」（substance）的觀念提出強烈的批擊，但是他們的論證所運用的思維方式還是亞里士多德式的，暗地裏預設著「『主謂』式的命題體現出對現實世界終極的也是最正確的陳述方式。」藉著這個分析，懷德海所要闡述的便是「亞里士多德『基本實體』（primary substance）的罪惡所造成的乃是我們習以為常地在形上學上強調『主謂』式的命題。」❷❸懷德海的意思很清楚：亞里士多德的形上思維方式導致我們以為主謂式的命題最能顯示這世界的形上結構。亞里士多德之後的哲學家或許會對亞里士多德的形上思想感到不滿，甚至想以別的形上體系來取代。但是這些形上學家既然無法擺脫主謂命題式形上思維的窠臼，他們的形上學說自然無法真正地超越亞里士多德。

依懷德海之見，「主詞─謂詞（賓詞）」、「實體─屬性」與「殊相─共相」這三個思維方式都是同出一源的。但這樣的思維方式到了今天已暴露出它的侷限性。懷德海說：

> 當今所有的哲學都環繞在以主詞與謂詞，實體與屬性，殊相與共相這種思維方式去描述這個世界時所面臨到的困難。因為這種方式的描述在結果上總是破壞了我們在我們的行為上，希望中，同情中，目的上所體驗到的直接經驗；這些直接經驗雖無言詮足以解析之，但卻是我們活生生體會到的❷❾。

職是之故，為了建立一個充分顯示真實生活經驗的形上學，我們必須在形上思維上找到一個別乎亞里士多德的新的源頭活水。這源頭活水乃是柏拉圖的形上學。關於這點，以下懷德海的陳述表達得十分清

---

❷❸ 同上，頁三〇。
❷❾ 同上，頁四九。

楚——「爲了詮釋經驗使之符合於我們日常生活所感受的，我們必須重述柏拉圖的實在論。經過整飾之後的柏拉圖的實在論可以免除十七、十八世紀哲學研究所曾掉入的陷阱。」❸⓿

懷德海從柏拉圖的形上學再出發的機體哲學並不全然排斥主謂式的命題，但他認爲這種形上學命題所代表的只是經過多次概念上之抽象作用而形成的❸①。它在形上學中所佔的地位不應該是最基本的，也不應該是最重要的。在機體哲學的系統中，「命題」（proposition）仍然佔著舉足輕重的地位。但這時候命題所代表的形上義理已全然迥異於傳統主謂式的形上命題所代表的。要瞭解這時候命題所代表的形上義理，我們必須對懷德海之設計其整個思辨哲學（speculative philosophy）的動機與企圖有個深入的瞭解。首先，他認爲欲建立思辨哲學，一定先要有範疇綱領（categoreal scheme）之建立。這一點包含著三個意旨。一、哲學如果對存在物（entities）提不出一套範疇綱領來說明的話，那麼這個哲學的前提便有問題。二、哲學乃以逐漸精整化其思想的範疇綱領爲鵠的。無此認識，則哲學失其正位。三、範疇綱領之用途在於可作爲母體根源（matrix），從其中我們可以演導出可適用在個殊情況的命題來❸②。職是之故，懷德海哲學重要的部份都包含在《歷程與實在》一書第二章〈範疇綱領〉之中。

懷德海的形上範疇共分爲：一、終極的範疇（the category of the ultimate）二、存在的範疇（categories of existence）三、闡釋的範疇（categories of explanation）四、範疇的職責（categoreal obligations）四者❸③。在這四個範疇當中，存在的範疇位居最關鍵的

❸⓿ 同上，頁五〇。
❸① 同上，頁一三八。
❸② 同上，頁八。
❸③ 同上，頁二〇。

地位；懷德海形上學的兩大重要概念：現實存在 (actual entity) 與永恒法相 (eternal object) 便在其中。當懷德海界定了這兩個概念之後，便對「命題」下定義。依懷德海之見，命題所陳述的乃是事物的形上結構。每個事物都是個「眾緣和合」(a concrescence)；意卽它乃是經由攝受 (prehensions) 其他現實存在與部份的永恒法相而形成的。就每個現實存在之必須被其他新起的現實存在所攝受而言，每個現實存在都是個實在的潛能 (real potentiality)。就永恒法相之必須等待被新起的現實存在所攝受而言，這些永恒法相可稱為純粹的潛能 (pure potentiality)。而命題所描述的便是這兩個潛能如何結合為一，一起被攝受而終至實現出另一個新的現實存在的整個事實 (matter of fact)❸❹。在一個新起的現實存在之眾緣和合當中，被攝受的眾現實存在構成一個密切的 「結聚」 (nexus)， 而被攝受的眾永恒法相則秉具著統一性。這也便是事物的形上結構。在此，懷德海便指出此中結聚而成的現實存在便是命題的主詞，而此中秉具著統一性的永恒法相便是命題的謂詞❸❺。

　　依懷德海之見，宇宙之生機便表現在事物之相引相續，生生不已當中。一個命題所陳述的便是一個新的事物如何在眾緣和合中興起。因而我們可以說，一個事物之興起所表示的乃是宇宙生機之發揚。蓋在一個新的事物中，我們可以看到整個宇宙的新面貌。從懷德海這樣的形上思維中，我們可以看到雖然他仍然使用主謂式的命題去作哲學的陳述，但他所用的命題與「實體－屬性」、「殊相－共相」這種亞里士多德式的形上思維已不再有任何關聯。 也就是說， 構成現實存在的並不是一個僵固不變的實體，而變化也不是這個僵固的實體與外

---

❸❹　同上，頁二二～二三。
❸❺　同上，頁二四。

物相摩盪所激發出來的暫時性的在性質上的變異。關於這一點，懷德海很清楚地宣稱：「機體哲學基本的形上原則是：現實存在在變化中扮演不可變易的主體這樣的觀念完全要丟棄掉。」❸ 在機體哲學中，我們之尋求事物的實在（reality）即是在尋求其自身之為一個宇宙的歷程（process）的形上結構。故懷德海認為每個現實存在的形上形式都是個 subject-superject。這個特殊的形上形式表示，在事物之相引相續，生生不已的開創過程中，主觀而言，每個現實存在都攝受其他的現實存在，但自身也在消逝之中；但客觀而言，每個現實存在都在成就繼起的現實存在之中藉著奉獻自己而安頓自己❸。如此的相引相續便構成了萬物的「變化」（becoming），而「變化」便構成了萬物的「存有」（being）❸。

最近西方很重視黑格爾與懷德海兩家形上思想的比較與會通❸。但在一番比較研究之後，卻發現兩者可以會通的固然不少，存在兩人之間的差距仍然相當的大❹。在這裏，我們並不隨他人腳步，直接去比較與會通黑格爾與懷德海。我們要拿《周易》的思想去消納他們兩者的思想。我們要印證的是，他們兩者所要彌補的西方形上學的缺憾正是《周易》思想早已克服的；質言之，黑格爾與懷德海所超拔於西方傳統形上學的部份正可在《周易》中找到相互發明之處。事實上，

---

❸　同上，頁二九。

❸　同上，頁二九。懷德海在頁八八與頁一五一中說到 superject 的概念比 subject 的概念更來得重要。這意味著現實存在的客觀面比主觀面來得重要。從儒家著眼，懷德海的形上學所啟示的生命觀是「在立人中自立」或「在成物中成己」。

❸　同上，頁二三。

❸　如美國 Fordham University 在一九八四年六月舉辦「國際黑格爾與懷德海討論會」。

❹　最大的鴻溝在於黑格爾是唯心論者，而懷德海是實在論者。而晚期黑格爾的思想之流於過度的抽象化與懷德海的思想更是扞格難入。

我們還要下這樣的結論：《周易》的形上思維乃是會通黑格爾與懷德海兩家形上思想最好的脈絡（context）。

唐君毅先生在《中國文化之精神價值》❹第五章〈中國先哲之自然宇宙觀〉中，就著疏解《周易》陳述了中國先哲的自然宇宙觀。其中端緒大概有六，分別是：(a)中國自然宇宙觀中缺乏超然的必然律之觀念，而以自然律則為內在於自然事物者。(b)中國自然宇宙觀中，共相非第一義之理。物之存在之根本之理為生理。此生理即物之性。物之性表現於與他物感通之德量。性或生理，乃自由原則，生化原則，而非必然原則。(c)中國自然宇宙觀，視物皆有虛以涵實，以形成生化歷程。故無純物質性之實體觀念。萬物無永相矛盾衝突之理，而有由相感通以歸中和之理。(d)中國宇宙觀中，物質與能力，物質與空間，時間與空間不相對立；以位序說時空，而無「無物之時間空間觀念」。(e)中國自然宇宙觀強調理象數之合一而不相離。(f)中國宇宙觀認為價值內在於自然萬物。

這其中的(b)與(c)兩點最足以支持黑格爾與懷德海對西方傳統形上學的批評。無庸置疑，黑格爾重自由，懷德海重生化而不喜歡西方傳統形上學所強調的必然原則。而從前面的論析當中，我們也可看到黑格爾與懷德海的哲學亦頗能表現「視物皆有虛以涵實，以形成生化歷程，故無純物質性之實體觀念」的思想。唐先生尤其認為懷德海的思想可以與《周易》的思想相互發明，儘管在此處他並未詳細說明懷德海的思想內容。唐先生對《周易》形上思維方式的論述是這樣的——「在易經之思想中，一物之實質性實在性，純由其有虛能涵攝，而與他物相感通以建立，而不依其自身以建立。」所以八卦最初所代表

之八物意指兩兩對應，相反相感以相生相成的關係⑫。唐先生進一步說，八卦所代表的物之德性不外乎剛柔動靜，而這些剛柔動靜之德皆經由萬物之相互感通而表現出來；所以剛柔動靜之德正足以顯示「萬物皆為表現虛實相涵之關係者。」在此我們可以引述懷德海的話語來證成唐先生的見解。懷德海說：「最後的事實全然是現實存在；這些現實存在是經驗的涓滴，繁複而相互依託。」⑬關於眾現實存在皆相互依託這一點，懷德海又特別說明如下：

> 我們必須說每個現實存在皆在其他的每個現實存在中呈現。機體哲學主要的工作便在謄清「在其他存在中呈現」這觀念⑭。

這個思想與《周易》所強調的萬物之本性乃植基於其相互感通相符合。而懷德海在〈範疇綱領〉的「範疇的職責」中所標舉的九大德性：主觀統一性（subjective unity），客觀同一性（objective identity），客觀多樣性（objective diversity），概念的評價（conceptual valuation），概念的倒轉（conceptual reversion），遞變（transmutation），主觀上的和諧（subjective harmony），主觀上的強度（subjective intensity），自由與限定（freedom and determination）便是相互感通，相互依託的現實存在所涵攝及所彰顯出來的德性⑮。如此地會通了《周易》與懷德海的形上思想之後，我們便可很順利地將黑格爾之以物乃心之外化（externalization），故外物之千變萬化皆是精神之表現，而萬物又以一套辯證性的邏輯結構形成一個有機的整體這種重虛實相涵的思想

---

⑫　同上，頁六九。在頁七〇，唐先生又說：「三畫以表始中終之歷程。故乾表以☰，坤表以☷。澤動而下凹而柔在外，故表其德以☱。山靜而上凸，似剛在外，故表其德以☶。水下流而剛在中流，故表其德以☵。火上升而中虛，故表其德以☲。雷自下起，自內向外動而四散，故表其德以☳。風內柔而外剛以猛，至上至益厲，故表之以☴。」

⑬　見《歷程與實在》，頁一八。

⑭　同上，頁五〇。

⑮　同上，頁二六～二八。

消納進來。

　　唐先生又解釋《周易》中所謂的生物成物乾坤之理為

　　使萬物之事象之「有生起」成可能，且必然；亦即使自然世界得

　　繼續存在而不斷滅者。然此生之理，使萬物之事象之「有生起」

　　為可能而必然，卻非使萬物之所生起何形式（即表現何形相關

　　係）之事象本身為必然。蓋任一事象之生起，必由以前之物與其

　　他物之交感，以為其外緣。……因而一物之性之本身，即包含一

　　隨所感而變化之性。一物愈能隨所感而變化者，其所具之生之理

　　亦愈豐富而充實。亦即愈為能生之物❹ 。

這樣的思想正可以支持懷德海的「歷程的原則」（principle of process）：「一個現實存在如何變化即構成了此現實存在為何物。」（見
❸）事實上，在《歷程與實在》中，懷德海很清楚地表示，就形上思
維的歸趣而論，他的思想近乎東方而遠離西方，前者以「歷程」
（process）為形上思維的終極對象，後者則以「事實」（fact）為終極對
象❹ 。在這一點上，《周易》與懷德海的會通相當有助於我們理解黑
格爾以「否定性」（negativity）來開展精神之全幅內容的方式。黑格
爾的《精神現象學》乃以精神不斷自我異化為他物（becoming-other）
來展開變化（becoming）；以此變化立各種存在（existence）的樣式；
然後在這些存在的樣式中見出存有（being）的本質（essence）❹ 。的
確，黑格爾就精神自身之正反合地辯證而上，變動不居，毫無僵固的
原則可循，以開展其全幅內涵的進路正與《周易》所說的：「易之為
書也不可遠，為道也屢遷；變動不居，周流六虛，上下無常，剛柔相

❹　見《中國文化之精神價值》，頁六五～六六。

❹　見《歷程與實在》，頁七。

❹　見 Hegel's *Phenomenology of Spirit*, trans. by A. V. Miller, 頁一〇～一二。

易，不可爲典要，唯變所適。」在精神上十分相近。兩者所要彰顯的都是「神無方而易無體」這樣的觀念。

如前所論，《周易》、黑格爾與懷德海的形上思維皆以變化來彰顯存有。這樣的形上思維定然不會強調「純物質性之實體觀念」。這種思路也必然會貶抑西方傳統「主謂式」的形上思維；因爲承受此形上思維必然得承受與此同根而發的「實體—屬性」及「殊相—共相」的形上思維❹，而破壞了「以變化彰顯存有」的思辨方式。還有，《周易》、黑格爾與懷德海三家皆能在強調流變與生化的哲學體系中確立價值論，這不是一般的流變哲學或進化哲學可及的。如《周易》之強調「成性存存，道義之門」，又就生生不已講元亨利貞，講進德修業之道。黑格爾則以精神自身之辯證的律動來開展人文精神與文化意識的尊貴，懷德海乃就著每個事物的誕生皆是宇宙創造性的生機之表現來奠立事物的貴重感，和諧的美感與自由的可貴。最後要說的是，《周易》不但可以作爲黑格爾與懷德海二氏會通的脈絡，而且還可用來消除他們的哲學體系各自的缺憾。黑格爾哲學太過於強調精神的矛盾衝突，《周易》所強調的由相感通以歸中和多少可以鬆解黑格爾哲學的緊張性。而懷德海的哲學體系中，人之精神主體性不够顯著，《周易》的「窮理盡性以至於命」的思想也可濟其不足。我們似乎可說，《周易》的思想體系提供一個相當好的脈絡，在其中黑格爾與懷德海兩家的學說不但不矛盾衝突，而且由互相感通而歸於中和。我們眞希望懷德海的這句話——「在黑格爾思想範疇的體系中，機體哲學發現了感通（feeling）範疇的體系。」❺能在《周易》的形上思維中更加凸顯出其充滿智慧的洞見。

---

❹　見《歷程與實在》，頁一五九。
❺　同上，頁一六六。

對懷德海所謂「自然二歧性」問題之論衡

鄺　芷　人

§1.0　問題的分析

　　懷德海在他的《自然的概念》一書裏討論到他所謂的「自然二歧性」問題，這個問題不但在知識論方面至為有趣，而且它在懷氏的科學哲學及形上學方面也極為重要❶。我們這裏所謂「自然二歧性」，乃指懷氏所謂的 "bifurcation of nature" 而言❷。「歧」(furcate, furcation) 乃相對於「融貫」(coherent) 而言，懷氏認為「自然二歧性」的問題一直存在於哲學及自然科學思想中，然而順著這種思想，就會出現他所謂知識論上無法解決的難題，而懷氏以為他的「有機體哲學」或「歷程哲學」可解決此難題，我們甚至可這樣說：解決「自然二歧性」的難題與懷氏的「有機體哲學」是不可分的。

　　本文之目的，一方面是要闡述懷氏的所謂「自然二歧性」之意

---

❶　Victor Lowe 把《自然的概念》一書列之為懷氏的「自然科學的哲學」之作，並以一九一八至一九二四為其思考「自然科學的哲學」時期，此時期中除上述之著作外，主要尚有 *Enquiry Concerning the Principle of Natural Knowledge* (1919) 及 *The Principle of Relativity* (1922)。

❷　"bifurcation" 一字可依字源意義分解為 bi-furcation，乃來自拉丁文 bifurcus，是「二分叉」或「二分岔」之意，筆者在此按照懷氏於 "Theory of the Bifurcation of Nature" 一文的文理意義，而把之譯成「二歧性」，因為「歧」乃與「融貫」相對。

義，另一方面是要站在與懷氏對立的觀點，辯證「自然二歧性」並非如懷氏所言，爲知識論上無法解決之難題。

§1.1 關於「自然二歧性」的哲學背景

在我們說明懷氏所謂「自然二歧性」的意義，及其反對「自然二歧性」的原因之前，讓我們先順著懷氏之意見而展示形成「自然二歧性」的古希臘哲學之思想背景，這可包括二方面的問題，其一爲先蘇時期的愛奧尼亞學派所討論之「物質」問題，其二爲亞里斯多德的實體說。

（A）愛奧尼亞人所開創的物質學說:

懷氏認爲古希臘物質學說對科學傳統影響至巨，但是，他強調這種影響卻又使到在哲學及科學上對「自然物」(natural entity) 的形上學基礎而長時期地產生了誤解，因爲在這種思想下，「物」(entity) ❸ 便一直從感官識覺之成素❹ 被分離開來，結果「物」便成爲成素之托體 (substratum)，而「成素」便被視之爲物之屬性。總之，在這種思

---

❸ 我們在此又把懷氏所謂的 "entity" 譯爲「物」，因爲他說: "Entity is simply the Latin equivalent for 'thing' unless some arbitrary distinction is drawn between the words for technical purposes. All thought has to be about things." 見 *The Concept of Nature*, p. 5.

❹ 「感官識覺」乃懷氏所謂 "sense-awareness"，而「成素」爲"factor"，他認爲構成人類之「自然」知識的條件有三，就是「事實」、「成素」及「物」(fact, factors and entities)，他說:
"Thus there are three components in our knowledge of nature, namely, fact, factors and entities. Fact is the undifferentiated terminus of sense-awareness; factors are termini of sense-awareness, differentiated as elements of fact; enities are factors in their function as the termini of thought. The entities thus spoken of are natural entities." *Concept of Nature*, p.13.

想背景之下，物質（matter）便成為其性質之形上托體，而「自然的歷程」便被詮釋成為「物質史」❺。

　　針對上述有關懷氏對古希臘的愛奧尼亞學派對「物質」意義的理解，我們在此欲作補充的說明：

　　我們可以這樣說，先蘇時期的主要哲學問題之一就是 $\acute{\alpha}\rho\chi\acute{\eta}$，而愛奧尼亞人及稍後原子論者所猜想的 $\acute{\alpha}\rho\chi\acute{\eta}$ 皆是物質性的。$\acute{\alpha}\rho\chi\acute{\eta}$ 這個字在西方中世紀被譯成拉丁文 "pricipium"，這乃是英文 "principle" 一字的來源。查考《牛津字典》，可知 "principle" 這個字原義乃指「起源」（origin）、來源（source）、開始（beginning）、泉源（fountainhead）、某物從其中出現、源出或推演之所由來者❻。現在，我們姑且隨俗而把 $\acute{\alpha}\rho\chi\acute{\eta}$, principium 及 principle 譯成「原理」或「原則」。不過，這是指事物的始創性或極終原則（initiating or ultimate principle）而言，在對於希臘最早期的哲學家來說，這些原則乃是物質性的原則，亞里斯多德在《形上學》一書說：

　　最早期的哲學家們大多認為物質的自然之原理乃是一切事物的原理，一切事物皆由這些原理所構成，從這些原理中產生各種事物，最後各種事物也回歸到原理中去。實體（$o\grave{v}\sigma\iota\alpha$）保持不變，改變的只是它的樣式，這就是他們所謂的元素及事物的原理❼。

亞氏這段話綜合地說明了愛奧尼亞哲學家的基本觀點，這些哲學家們

---

❺　"The history of the doctrine of matter has yet to be written. It is the history of the influence of Greek philosophy on science. That influence has issued in one long misconception of the metaphysical status of natural entities. The entity has been separated from the factor which is the terminus of sense-awareness...." *Concept of Nature*, p. 16.

❻　*The Shorter Oxford English Dictionary*, Vol. II, p. 1672.

❼　亞里斯多德：《形上學》，983 b，6-11。

企圖以一種物質條件（水，氣）作爲構成存在物的條件，爲一元論。其後，希臘人又認爲一元論不能說明世界萬物的構成，多元論的思想遂因而出現。多元論或是有限地多（如 Empedocles），以土、火、氣、水作爲「萬物之根源」）；或是無限多（如原子論，以無限數量，性質相同，但在形態及體積卻各有差別的原子作爲萬物之根源）。

我們這裏提及古希臘唯物主義的一元及多元論，雖然是哲學史上的常識，但把這種思想的基本意義及其背景列述出來，對於我們了解懷氏反對「自然二歧性」之意義及反對理由是有幫助的，因爲懷氏「似乎」認爲，科學及哲學有關「自然」的形上基礎從古希臘開始就走上了「自然二歧性」的歧途❽。

（B）亞里斯多德的實體說

除了「物質」概念之外，希臘哲學中有關「實體」的概念也奠定了西方科學與哲學傳統的「自然二歧性」之基礎，懷氏特別提及亞里斯多德的「實體」理論，他說：

> 亞里斯多德追問「實體是甚麼意思」這個基本問題。在這裏，他的哲學及邏輯之間的反應是非常不幸的。他在邏輯裏，肯定性的命題之基本型態是由主詞與屬性之述詞所構成，於是，他對當時 "substance" 一字的各種流行用法加以分析，把此字的意義視爲不是作爲任何事物的述詞之最終托體（ultimate substratum）。在亞氏邏輯中，那種不加以追問而認可的（語句型態），促成了

---

❽ 「從現代科學的意義上說，物質（概念）乃回復到愛奧尼亞人之途，他們曾致力於在時空之中尋找那些構成自然的質料（stuff）……當論及他們有關自然界所假設的最終實體（托體）之性質時，則土、水、氣火、物質及以太，皆在直接的連續中互爲關係，它們是希臘哲學在尋找極終事物（極終事物乃朗現於感官識覺的事實之因素）之不朽的活力，這種研究就是科學的根源。」見 *Concept of Nature*, p. 19.

對於任何朗現於感官識覺中之事物而提出托體之設準，這是一種
根深蒂固的習慣之傾向。這種傾向就是指對我們所覺識到的具體
事物而尋找其底下的實體，這是物質及以太的現代科學概念之起
源。這是說，在現代科學中，物質及以太的概念是從這種設準的
顯著習慣而來的❾。

懷氏這段話是企圖從亞氏邏輯的語句結構而分析「托體」及「實體」
的思想根源，進而認為亞氏對實體的思維方式影響到現代科學思想中
對實體之假設。可是，懷氏對有關的問題只有概要性的描述，故我們
在此對亞氏有關托體、主詞及實體三概念之意義及其彼此間的關係作
說明：首先，讓我們從亞氏《形上學》有關「托體」及「實體」的說
明講起。亞里斯多德說：

實體 (ούσιας) 保持不變，而改變的只是它的樣式，這就是他們
所謂的元素及事物的原理。他們因而認為沒有東西是被創造或被
毀壞，因為這種物體保持著不變。正如，當蘇格拉底變得漂亮，
或變成一個愛好音樂的人時，我們並不以為他絕對如此；而當他
失去這些性質時，我們也不以為他不是蘇格拉底，因為蘇格拉底
自己這個托體 (τὸ ὑποκείμενον) 仍保持不變❿。

在這段引文中，亞氏認為「托體」概念在先蘇時期已出現了。當時的
哲學家們把「托體」視為是個體保持不變的那個部分。例如，無論蘇
格拉底這個人發生了甚麼變化，我們仍稱他為蘇格拉底，因為他們假
定了不變的托體。從語意方面說，"ὑποκείμενον"（其拉丁化 Hypo-
keimenon）乃指「在底部」或「在背後」之意。「在底部」就是說這

---

❾ *Concept of Nature*, p. 18.
❿ 同❼, 983 b, 6-16。

些哲學家們視 $\overset{\circ}{\alpha}\rho\chi\acute{\eta}$ 為萬物之基礎條件；而「在背後」又意謂著萬象俱變而 "$\overset{\circ}{\alpha}\rho\chi\acute{\eta}$" 卻保持不變。由此可知，亞氏對先蘇時期的 $\overset{\circ}{\alpha}\rho\chi\acute{\eta}$ 概念之詮釋，已具備日後哲學史上所謂的「實體」(substance)、「實在性」(reality)、「本體」(noumenon)、「實有」(being) 及「本質」(essence) 等重要概念。

然則 "$\overset{\iota}{\upsilon}\pi o\kappa\epsilon\acute{\iota}\mu\epsilon\nu o\nu$" 一字與「主詞」又有甚麼關係呢？我們已經提出，由於這個字具有「在底部」(underlying) 之意，故一般就譯作「托體」(substratum)，以表示個體之恒常不變的部分。在這種情形下，主述語句的主詞也具這種功能，亞氏邏輯的前提與結論，基本上是以主述語句為主的。這種語句在結構上乃表示出托體及屬性之關係，屬性藉著述詞來表達，而主詞則擔當了托體的角色，因為述詞總是依附著主詞，故 $\upsilon\pi o\kappa\epsilon\acute{\iota}\mu\epsilon\nu o\nu$ 也可譯作「主詞」，可見 subject 及 substratum 在字源上是有其共同根源的。

再就「實體」一義來說，這源自亞氏 "ousia" 一字而來，西塞羅把 "ousia" ($o\mathring{\upsilon}\sigma\acute{\iota}\alpha$) 譯成拉丁文的 "substantia"，這就是英文 "substance" 一字的字源。在亞氏的《形上學》裏，「實體」一名往往是多義的，有時又有「第一實體」($\pi\rho\acute{\omega}\tau\alpha s\ o\mathring{\upsilon}\sigma\acute{\iota}\alpha s$) 及「第二實體」($\delta\epsilon\acute{\upsilon}\tau\epsilon\rho\alpha\iota\ o\mathring{\upsilon}\sigma\acute{\iota}\alpha\iota$) 之分⓫。亞氏的實體論 (ousiology) 相當混雜，立論很不一致，我們現在只就《形上學》一書 Z 卷之實體概念來說明，Z 卷中他把當時希臘人的實體概念歸納為四種，這就是本質、共相、類及托體。在這裏，他謂任何基本而簡單的東西皆必然是「實體」⓬。托體既然是實體，而托體是「一切事物都敍述它，而它卻不敍述任何其他

⓫　見亞氏：《範疇論》。
⓬　同❼，1028 a，30-31。

事物」。在這個意義下,物質便是托體之一[13],理由是: 當我們把物體的其他性質一一除去之後,剩下來的就只有物質,故物質是最基本的。這無疑是順著以物質作為「極終原理」($\overset{\prime}{\alpha}\rho\chi\acute{\eta}$)之實體觀。 在亞氏《物理學》卷一裏, 他視「物質」為「第一托體」(proton hypokeimenon),因為當事物在變遷時, 物質總是「已經存在著」(hypokesthai), 並且是變遷之基礎。如果我們認為物質本身也會變遷,則這種變遷依仍然要預設物質的先在性[14]。 說明這個觀點的最明顯例子就是原子論。物質的變化視為原子之間的聚合與分離,而原子則保持不變。

§1.2 物質實體與近代物理學之關係舉例

希臘哲學中有關物質實體的思想,對近代科學思想的影響至巨,為了說明這個問題, 我們現在便以十七世紀有關光的性質問題之爭論為例,來說明這個問題。

在十七世紀的光學理論中, 有所謂光的波動說及光的微粒說, 前者以惠根斯 (Christian Huygens) 為代表, 後者以牛頓為代表。波動說視以太為媒質, 它是由堅硬的彈性粒子所組成, 瀰漫於各個地方。光是由發光體的微粒之振動而把其脈衝傳送到以太中去, 然後, 以太接著又把其所接收到的脈衝向其鄰近的粒子傳送。關於光的波動問題, 惠根斯在他的《光論》第一章裏說:

我們知道: 藉著空氣 —— 它是一種看不到而且無法感觸的物體

---

[13] 同[7], 1028 b, 35-1029 a, 3. 在這裏, 亞氏把物質、形式及此二者之複合體皆視為托體, 亞氏此處只是指當時流行之有關托體的觀念, 他在這個問題上的觀點並不很清晰, 他在 Z 卷似乎並不贊同把物質視為實體, 但是, 在《物理學》卷一, 則以物質為「第一托體」(proton hypokeinmenon) 及實體 (ousia)。關於亞氏的實體論, 本文作者另有專文。

[14] 同[7], 192 a, 25-34.

——聲音環繞著其所出之處而散播，連續地在空氣中的一部分傳播至另一部分，這種運動向四面八方等速進行，而其所形成的球面不斷地擴大，並振擊我們的耳朵。現在，光也毫無疑問地從發光體並藉著運動而達到我們的眼睛，這種運動是藉擠壓存在於發光體與眼睛之間的物質 (matter) 而進行的，因為我們已經說過，光不能由一個物體的傳遞進行的。此外，倘若光在其途徑中需要時間——這是我們將要檢討的問題——那麼，這種藉著擠壓其中的媒質 (intervening matter) 而產生之運動是連續性的，因此，它的傳播也像「聲音」一樣要藉球面與波動，我把它們稱之為「波」，因為這與我們把一塊石頭拋入水中，而使水面以圓形的方式不斷擴展的情形相似，不過這種情形是出於另一種原因，而且只在水平上❺。

惠根斯以水波及聲波來說明光的進行也是一種波動。聲波以空氣為傳播媒質，水波是以水為媒質，至於光，惠氏就用傳統的以太概念來說明。

根據牛頓有關光的質粒說，則光的運動不是以波動方式進行，而是像子彈或箭那樣前進的。牛頓較偏好於質粒說，主要理由有二，其一為波動說不能解釋「光隨直線進行」及影子之現象。反之，這兩者卻用「光的質粒說」來說明。其二是波動說無法解釋偏振現象。就以影子及光隨直線進行的問題來說。他說：

同時，如果光是存在於擠壓或運動之中，那麼無論其傳播是立刻的或者是需要一段時間，它總會彎入影子之中，由於擠壓或運動無法使光線在流體中以直線傳播，遇到阻礙其運動的物體，但

---

❺ Christian Huygens, *Treatise on Light*, p. 554.

卻會以各種方式彎入和朝向障礙物背後的媒體而散播⑯。
牛頓認爲倘若光是波動的，那麼，影子就不該出現，因爲以波動方式
運動的光波可繞過障礙物而再次進入障礙物背後之空間。波動說既有
此困難，牛頓逐採用質粒或微粒說：

> 光線不就是發光體（shining substance）所發射的微小物體嗎？因
> 爲這些微小物體以直線方式經過同一性質的媒體，因而沒有彎入
> 影子之中，這就是光線的本性（nature）⑰。

牛頓在這裏無疑認爲倘若我們把光線視爲由發光體所發射的微粒構
成，那麼，影子及光的直線進行之現象便可獲得恰當的說明。於是他
便採用光的質粒說。此外，他還認爲質粒說也可解釋光的折射和反射
問題。

光的性質與顏色的理論有密切的關係，採用波動說的物理學家如
Francesco Grimaldi (1618-1663)，就以波動頻率來說明顏色。胡克
(R. Hook, 1635-1703) 也像惠根斯那樣，認爲光是發光體的微粒之
振動，從而擠壓附近的媒質，由於這些媒質是由球狀的微粒組成，故
發光體的質粒之振動，進而因擠壓其鄰近的小球而產生「球脈衝」。
於是，他便以這些「球脈衝」來解釋顏色。例如，藍色是當前方一個
最弱的球脈衝及後方一個最強的球脈衝成斜向，並刺激視網膜而產生
的印象等。

至於牛頓，他認爲物體的顏色乃由於投射在它們之中的光線受到
物體表面依照不同的反射所形成的，而這種反射又與物體表面的厚薄
有關。在他所設計的實驗儀器中，觀察物體顏色之變化。例如，當放
置於光線中的朱砂看上去猶如在日光裏所呈現的顏色一樣，但若在透

---

⑯ Newton, *Optics*, Book III, Part I, Query 28, p. 526.
⑰ 同⑯, Query 29, p. 529.

鏡的地方把綠色光線截斷，則紅色就更鮮艷。當紅光線被截斷時，朱砂就從紅色變成黃色或綠色❸。對於顏色的本質，牛頓說：

> 光是甚麼？用甚麼方法可把它折斷？光線用甚麼形式或藉著何種行為而在我們的心中引發起顏色的感覺？要完滿地，以及個別地確定這些事情是一點也不容易，因而我不想在此把猜測與確實混雜在一起❾。

由此可見，牛頓對於光是甚麼的問題也感到困惑。於是，牛頓的朋友洛克便企圖從哲學上（知識論上）來討論有關這方面的問題。

§1.3 洛克論原性與次性

如果說，十七世紀的物理光學對於有關「光」的性質及顏色理論是受到希臘哲學的影響，那麼十七世紀的光學理論卻又影響了哲學。懷德海說：

> 這些傳播理論 (transmission theory) 標記著存在於科學與哲學之間的關係之轉捩點。我特別指出的學說就是光學及聲學的理論……這個結果把「實體與屬性」的理論之簡單性完全毀壞了，我們所見到的要依賴進入眼中的光線。此外，我們又無法知覺到進入眼中的東西，被傳播的原是一種波動，或者如牛頓說是微粒，而我們所看到的卻是顏色❹。

懷德海這裏所說的，不但涉及「實體與屬性」的問題，更重要的是還可能涉及物體的二重性。假如有某種物體，它的屬性之一被視為波動或微粒，而它的另一種屬性則稱之為「顏色」。同理，聲音與聲波

---

❸ 同❻，Book I, Part 2, Proposition 11, Problem 6, p. 454.

❾ 轉引自 B. G. Kuznecov, *Von Galilei bis Einstein*, S. 123.

❹ *Concept of Nature*, pp. 26-27.

也視爲一種物質的兩種屬性；水的「分子或原子運動」與「熱」爲水的兩種屬性等等。 針對這些問題，洛克遂提出「原性」及「次性」的理論。首先，他認爲心靈所知覺到的是觀念，而性質則爲產生觀念之能力。從「原性」(original or primary qualities) 所產生的觀念有五：這就是堅實性、廣延、圖形、運動（或靜止）及數目。這些性質是物體本身所具有的，故不可能與物體分離，也就是說原性爲物體之眞實性質。洛克所謂「次性」乃指顏色、味道、氣味、聲音、熱或冷，以及其他屬於感覺方面的性質 (sensible qualities)。 這些性質非物體的眞實性，而只是藉著存在於物質（微粒）中的原性之力量所產生的感官效應而已[21]。因此，次性並非眞正存在於物體之中，而只是物體中的一些「能力」， 藉著這些能力而在知覺主體 (perciplent subject) 中產生觀念，同時這種能力只是存在於原性中的某種組織而已。

根據上述有關洛克的原性和次性理論，我們可提出下列兩點評述：

(1) 一切觀念既然是來自知覺，那麼，觀念的眞實性（這裏所謂眞實性乃相對於幻像而言）乃在於它是否符合外物或外物之結構。首先，就原性方面說，洛克認爲原性乃事物的性質，故原性之觀念必符合此等性質，這無疑假定了原性有其絕對客觀性或絕對的實在性。但是，情形是否確如他所想像那樣絕對確實呢？然而，物體的「堅實性」（可視作「不可入性」）是絕對的嗎？「圖形」的空間性是絕對的嗎？（譬如，我們量度出桌子的長度爲一公尺，這長度是絕對的嗎？它是否與物體的運動狀態有關？）「運動」與「靜止」是絕對的嗎？其次，就次性方面說，如果次性是「能力的感官效應」，那麼，各種

---

[21] Locke, *Essay*, Bk. II, Chap. VIII, Sec. 9, 24.

次性之觀念是沒有外在的性質與之相對應。但是，像物理學上的質量概念是外物的「力量」（能力）之感官效應嗎？（依洛克，「質量」非原性。）

（2）　就認知心（人心）與外物的關係說：觀念乃介於外物與人心之間，因此，外物雖然是客觀地存在（這是洛克的設想），但卻無法直接呈現於經驗之中。觀念雖然表徵著外物，但卻無法朗現外物（例如紅的觀念不能朗現光之性質）。　此外，　觀念雖然是知識的必須條件，但是，認知心卻無法超越於觀念之外，於是，經驗知識又如何可能呢？這是個急待解決的問題。

§2.0　懷德海論「自然的二歧性」

§2.1　「自然」的分截與融貫

正如上文所指出，十七世紀的自然科學中有關光學、聲學等問題的處理，其結果完全破壞了知覺理論的「實體與屬性」之簡單性，因爲在這些觀點下，我們所看到的是由於「光線進入眼中」，但卻無法知覺到進入眼睛中的東西　（這是指波動或微粒），　而所看到的卻是「顏色」。洛克遂提出原性與次性的問題來說明這種認知的情形，懷德海說：

> 洛克面對這種困難而提出原性及次性的理論，即：我們知覺到物質的某些屬性，這就是原性，而我們看到像顏色卻並非物質的屬性，它們彷彿是物質的屬性那樣被我們所知覺到，這就是物質的次性。我們何故知覺到次性呢？看來這是個極不幸的處理工作，因爲我所看到的許多事情皆不存在，　這是次性理論所導致的結果。現在，哲學上及科學上盛行著默認着一種結論，就是自然界

不能有融貫的解釋……㉒。

懷氏在這裏提出「融貫」（或圓融）的概念，認為十七世紀以來物理學理論及洛克的次性理論皆破壞了自然界的融貫性。意思是說，他認為這些理論皆把「自然」分截為二，更積極地說，懷氏認為我們所知覺到的一切皆存在於「自然界」之中。因此，夕陽的光輝也像分子及電波一樣，同屬於自然界的，而自然哲學就在於分析自然界中不同的部分之間彼此是如何結合的。也就是說，自然哲學就是在於說明知覺上所認識的事物之融貫性㉓。

與融貫對立的就是不融貫，懷氏認為十七世紀的物理學及洛克的原性及次性理論是不融貫的。這些理論所以不融貫，乃是由於這些科學及哲學思想把「自然界」割裂為二，結果出現對事物的知覺內含竟然非事物本身所有。懷氏把次性之觀念稱之為「心理的附加物」（psychic additions），而融貫理論就在於反對這種有關「心理附加物的理論」。在融貫的觀點下，知覺中的綠草作為自然界的一分子，而不是把「綠」視為「心理的附加物」。換言之，自然哲學所要問的，並非「心中有甚麼」及「自然界中存在著甚麼」，而是要追問其中各種「自然關係」（natural relations）。

§2.2　自然的二歧性

上述所謂「融貫」（圓融）及「心理附加物」的意義清楚之後，我們現在便可進一步分析懷氏所謂「自然的二歧性」這個問題了。懷德海從二個不同的角度來展示他所謂「自然（界）的二歧性」之意

㉒ *Concept of Nature*, p. 27.

㉓ "What we ask from the philosophy of science is some account of the coherence of the things perceptively known." *Concept of Nature*, p. 29.

義。對於這些問題，我們分別展示如下：

（A）兩種眞實性：

關於「自然的二歧性」是指自然的兩種眞實性之問題，懷氏說：

我基本上所反對的是把自然界分截爲兩種實在性的體系（the bifurcation of nature into two systems of reality）。這是不同意義的眞實性。眞實性之一是作爲電子的東西，這是理論物理學所要探討的。這種眞實性在理論上永遠無法知道，但卻是對知識而言的眞實性。至於我們所知道的則是另一種眞實性，那是心靈的一種枝節故事。因此，便有兩種自然（界），其一是猜測，其二是夢幻㉔。

在這裏，懷氏所謂「自然的二歧性」乃指把自然（界）分截爲兩種眞實性的那些理論而言，以「光」爲例，眞實之一爲微粒或波動，而另一種眞實性則爲顏色。前者是理論物理學上的產物，是看不見，摸不著的。這是一種理論上的假設，但是卻爲人類永遠無法認識的（按：此處只申明懷氏之觀點而已），故懷氏視之爲一種理論上的猜測。另一種「眞實性」則只是由知覺所提供或由知覺所造成的識覺經驗。但這種「眞實性」其實一點也不眞實，因爲它並非事物本身所具有的性質，故懷氏稱之爲夢幻。

（B）「識覺的自然」與作爲「識覺之原因」的自然

「識覺的自然」乃指呈現於知覺意識中的現象而言，故懷氏又稱之爲「現象的自然」（apparent nature）。這是刺激識覺而產生「現象的自然」之外在條件，他稱之爲「原因的自然」（causal nature）。懷德海說：

㉔ *Concept of Nature*, p. 30.

另一種表述，我們所反對的那個理論之方式是把自然分截為兩部分，這就是分截成在識覺中所察覺（apprehend）的自然以及作為識覺之原因的那個自然。在識覺中察覺到事實的那個自然就是樹林的翠綠，飛鳥的歌聲，太陽的溫暖，椅子的堅實……。作為識覺的「原因之自然」，被猜想為分子及電子之系統，它們影響人心而產生「現象的自然」。這兩種自然的交點就是人心。「原因的自然」是輸入的，而「現象的自然」是輸出的㉕。

「原因的自然」乃是上述所謂猜測的真實性（此謂在理論的猜測上假設為真實），而「現象的自然」指識覺中的經驗。懷氏指出：二歧性的理論乃試圖表明自然科學是研究有關「事實知識」之原因，換言之，這種理論是企圖說明「現象的自然」是人心藉著「原因的自然」而有的輸出物。這裏所謂「原因」，乃是指「為甚麼」而言，但是，懷德海認為「知識是極終的」（knowledge is ultimate）。知識中根本沒有所謂「為甚麼」（why）的解釋，自然科學家所做的是對知識中所謂「是甚麼」的「描述」。在這個意義下，他把「原因的自然」視之為「形上學的妄想」（metaphysical chimera）㉖。總言之，懷氏認為科學並不討論知識之原因，而是討論知識之圓融㉗。

　　「二歧性」理論還涉及時間與空間的絕對性，時間和空間的絕對性可藉下列四點來說：

　　ⓐ空間是平直的，歐幾里德也這樣直覺地以為一直線可任意延長而保持直線。

　　ⓑ時間流為均勻一致的，並獨立於事物而自存，牛頓又稱之為數

㉕　同上，pp. 30-31.

㉖　同上，p. 32.

㉗　"Science is not discussing the causes of knowledge, but the coherence of knowledge." 同上，p. 41.

學的時間⊗。

　　ⓒ時間與空間互爲獨立。

　　ⓓ兩個發生在不同空間上的事件可有「同時性」的意義。
空間的絕對性及時間的絕對性是牛頓運動第一定律的基本預設。第一
定律告訴我們：「任何物體都會繼續保持它的靜止狀態，或保持其
等速直線運動，直至有力作用於這個物體上面迫使它改變原有 的 狀
態。」⊗ 在這個定律裏，「等速」概念預設了「時間流」是均勻的，
而「直線運動」則預設空間爲平直的。所以，懷德海謂「自然的二歧
性」理論除了尋找知識的「原因」之外，它還假定時間及空間均獨立
於「事件」而自存，他反對時空的絕對性之構想，認爲時間及空間不
但是互相連繫著，而是從「事件」中抽象而得的。

§3.0 「自然的二歧性」之辯證

§3.1 　「自然的二歧性」總述

　　「自然的二歧性」之觀念能够成立嗎？或者說，它在甚麼意義下
能够成立呢？在上述有關懷氏對「自然的二歧性」之詮釋中，他基本
上是順著洛克的原性及次性，以及十七世紀的物理學來說明「自然的
二歧性」。在洛克的理論中，物體的堅實性（不可入性），廣延性，
圖形，運動（或靜止）以及數目爲原性，是物體本身所具有的性質。
若順著牛頓力學，則物質（物體），時間，慣性等爲物體本身之性質。

⊗ "Absolute, true and mathematical time, of itself and from its
own nature, flows equally without relation to any thing external,
and by another name is called duration." Newton, *Principia*,
Vol. I, Scholium, p.6.

⊗ 同上，p.13.

至於不屬於物體本身之性質，如顏色，冷熱甜辣等則爲「感官效應」，洛克又稱之爲「感官性質」 (sensible　qualities)❸。懷德海把這種有關「感官性質」的觀點稱之爲「心理附加理論」(theory of psychic additions)。這樣，「自然」便被分截爲二部分，其一爲「自然」本身所具有的性質，其二爲「心理的附加物」。從另一方面說，「自然的二歧性」又可視爲把「自然」分截爲「原因的自然」及「現象的自然」兩部分。懷氏則認爲「自然界」是統一的而非分截的，爲了扣緊本文的論題，我們在此不擬展示懷氏如何說明自然的統一性，我們現在只想提出一個問題，這就是：「自然的二歧性」可以成立嗎？如果能夠，那麼又在甚麼意義下能夠？

§3.2　現象與本體

若要討論這個問題，我們可先回顧懷德海所謂「自然」一詞之所指。懷氏謂「自然是藉著感官在知覺中所觀察到的東西」❹。在這個意義下，所謂「自然」其實就是指「感官經驗」而言，但是，在這個「自然」的意義下，「時間」、「波動」、「微粒」等概念便無法納入他所謂「自然」這個概念之內，因爲這些事物並非知覺對象，可見懷氏對「自然」概念所作的定義是與其所謂「自然的二歧性」以「波動」及「微粒」作爲「原因的自然」之間是互相矛盾的。此外，當我

---

❸　"The power that is in any body, by reason of its insensible primary qualities, to operate after a peculiar manner on any of our senses, and thereby produce in us the different ideas of several colours, sounds, smells, tastes, etc. These are usually called sensible qualities." Locke, *Essay*, Bk. Two, Chap. VIII, §23, p.117.

❹　"Nature is that which we observe in perception through the senses." Whitehead, *Concept of Nature*, p.3.

們回顧上述對懷氏有關「自然的二歧性」之展示時，其一是從「眞實性」（reality）這個概念出發，視「二歧性」爲兩種不同意義的「眞實性」。其二爲把「二歧性」視爲「識覺」中所察覺到的自然（the nature apprehended in awareness）以及作爲「識覺之原因」的自然」。根據這兩種有關「二歧性」的區分，我們可以把懷氏所謂「二歧性」詮釋爲「現象」與「本體」，前者是指呈現於吾人識覺中的「自然」。用懷氏的詞項來說，則前者爲「現象的自然」（apparent nature），後者爲對「自然」的猜測，也就是所謂「原因的自然」（causal nature）。因此，如果我們這裏的分析是可接受的話，那麼，懷德海所謂「自然的二歧性」便可詮釋爲有關「現象」與「本體」之間的「二歧性」。最低限度，我們可以這樣說：懷氏所謂「自然二歧性」的概念蘊函著有關「自然」的「現象」與「本體」之分割，而懷氏最不贊同這種「自然」的「分歧性」。事實上，當懷氏從十七世紀的物理學來說明「自然二歧性」的意義時，其中就假定著「現象」與「本體」的思想模式。例如顏色就是感官現象，而「波動」或「微粒」就是眞實的「本體」。

§3.3 「現象」與「本體」之「二歧性」
能够消除嗎？

如果我們以十七世紀之光學所謂的「波動」、「微粒」等爲「本體」，那麼「本體」與「現象」之間的「二歧性」能够被消除嗎？在「自然的概念」裏，懷氏先引述一種解決「二歧性」的方法，然後對這種解決的方法提出批評。他指出：這種解決的方法就把傳統上被視爲眞實本體的波動、微粒、以太等視之爲純然是概念的（purely conceptual），這些概念是出現於數學運算的程式中。這樣就只剩下

「現象的自然」，二歧性之問題也因而得到解決。

懷氏對這種消除「自然的二歧性」之方法提出批評。他說：

……演算的程式是甚麼呢？它是預設著某些或另一些自然事件為真的陳述。就以最簡單的「二加二等於四」這個程式來說，當我們把它應用在「自然」中時，它是肯定著把兩個自然物放在一個地方，然後再把另外兩個自然物放進去，於是便組合為四個自然物，……現在如果沒有這些事物 (entities)，那麼，我們就看不出關於它們的陳述如何能應用到「自然」中。例如：除非綠色乳酪之存在能於實驗上被印證，否則「月亮上有綠色乳酪」這個陳述不能用作為任何科學演繹的前提。對這些反對意見的流行答案是：儘管原子只純然是概念性的，然而，（利用原子的概念）仍有一種有趣及圖繪的方式來說明某種東西為「自然」（界）之真理。不過，如果你真正意謂著某種東西，那就說出來吧！……如果陳述中所涉及的事物無法在自然界中找到，那麼，這些陳述便與純然的自然事件無關❷。

懷氏這段話的主要意思在於反對把電子、原子、分子等視作有「名」而無「實在性」的概念。他認為科學理論中的電子、分子等為自然界的因素(factors)。當我們對電子的理論還不確實地知道時，電子才被視為假設上的概念。由此看來，懷德海無疑是「實在論」者。現在，他一方面反對把波動、微粒、電子、原子、分子等視為純然是數學上的概念。另一方面，他又反對「現象」與「本體」（實在）的二歧性。「現象」乃是指感官經驗，而「本體」乃相當於懷氏所謂「原因的自然」。我們現在要提出的問題是「現象」與「本體」的二歧性非統一

---

❷ 同上，p.45.

不可嗎？它們又是否能被統一（融貫無間）起來呢？對於這個問題，筆者的回答是：這兩個問題是牽涉到認知活動的「理想性」及「現實性」之問題，作爲追求自然知識的理想性方面說，我們希望透過「現象」而認識事物整體的眞實性（實在性）。但是，這種理想在方法論及知識上來說，不但無法一躍可成，甚至我們的感官經驗在原則上無法完全反映實在，因爲經驗及科學概念是建構性的，不是像鏡子照物那樣所得來的觀念。關於這兩方面之問題，我們分別作如下的說明。

§3.4　科學理論與經驗之間並非圓融無間

懷氏反對「自然二歧性」的理論，基本上是出於他的「圓融」思想，然而這種圓融的偏好只能視爲一種理想。由於人類智能的有限性，人類知識的發展是逐步漸進的，而這種進步是隨著理論與實驗之配合，順著「猜測——矛盾——修正」的途徑進行。

例如從希臘時代至十九世紀的以太概念，本身就是一項「猜測」。在亞里斯多德之前的希臘人，爲了說明空間並非眞空，遂提出以太的構想，謂太空的最外層充滿以太❸。十七世紀的笛卡爾也接受古希臘人這項「猜測」，以求說明空間之廣延性。以太概念在十七世紀的科學理論中也極爲重要，因爲光的波動說要藉著以太作爲傳播光波的媒體。在運動學方面，運動是個相對概念，這是說當我們（觀察者）描述物體之運動時，其結果與「運動物體及觀察者」之間的關係有關。換言之，運動總是扣緊參考系統才有意義的，這樣的參考系統又稱之爲相對空間。然而，我們能否構想一個較一般性或更具優越性的參考系統呢？如果這種參考系統是可能的話，那麼，它便可視之爲絕對空

---

❸ C.F. Parker, *A Short Account of Greek Philosophy: From Thales to Epicurus*, p.50.

間。進一步來說，如果空間瀰漫著同質的以太，那麼，我們便可視以太為絕對的參考系統或絕對空間。

以太的概念在十九世紀的物理學之地位顯得更重要，因為當時的物理學基本上就是「以太物理學」（physics of ether）。以太成為十九世紀最重要的物理學之基礎條件。十九世紀末年，Michelson 及 Morley 兩位物理學家為了證明以太是否存在，於是設計了「干涉儀」。如果以太是存在的，那麼，藉著調整干涉儀的鏡子，在調整過程中，根據以太存在的猜測，干涉儀上會出現光的干涉現象。然而，經過長時期及多次的實驗，並沒有發現光的干涉現象之存在。在理論與實驗之間既互相矛盾，而又無法尋求消除這種矛盾的情形下，物理學家只好採納實驗之結果而放棄以太的理論。以太可能根本就不存在，因為它原是一項「猜測」而已。以太的猜測一旦取消，則絕對空間或絕對的參考系統也便要取消，其結果是：「所有自然現象規律對一切以恆常速度而運動的觀察者來說（慣性觀察者）都是一樣的。」❸愛恩斯坦的狹義相對論就是在這種情形下提出來的。

在科學研究的道途中，理論與實驗，或者理論與理論（如光的波動說與光的微粒說）之間的衝突和矛盾是常見的，這種衝突是激發新理論的原動力，同時，當衝突或矛盾被解決之後，科學也因而進一步被提昇，這種提昇是因為：

（A）新理論能夠解決舊理論所不能解決的問題。

（B）新理論能夠解決舊理論所能解決的問題。

例如：按照牛頓力學，則物體在運動中之質量（M_v）與其在靜止時的質量（M_0）是相等則，卽：

---

❸ 關於以太及狹義相對論的問題，本文作者的〈狹義相對論中時間概念的分析及其哲學意義〉一文有詳細展示，《東海學報》，24卷。

$$M_v = M_0 \cdots\cdots\cdots\cdots\cdots\cdots (I)$$

按照這個原理，那麼，電子在高速飛行時的質量與其靜止質量是相等。但是，實驗證明這個原則是不正確，因此，舊理論 $M_v = M_0$ 應用在電子方面就會與實驗發生矛盾。從實驗中，物理學家發現電子的質量是隨著其速度之增加而增加的。在這種情形下，下列的新程式便可解決這項矛盾，卽：

$$M_v = \frac{M_0}{\sqrt{1 - v^2/c^2}} \cdots\cdots\cdots\cdots (II)$$

從程式（II）可以看出，這個新理論是滿足上述(A)(B)兩項要求的。

一般來說，自然科學（物理學）的理論建構可分爲原則理論（physics of principle）及假設理論（physics of hypotheses）二種。前者又稱之爲「數學描述」（theory of mathematical description），如牛頓力學及愛恩斯坦的相對論；後者爲圖繪理論（pictorial theory）[35]。例如光學上的波動說或氣體動力學上的氣體分子之運動說，但是它們皆需要藉著實驗來印證。換言之，無論是「原則」或「假設」，在基本上可視之爲「猜測」。驗證這些猜測是否正確，其方法分別以「原則」或「假設」作爲前提，從而演繹出一些新命題。倘若這些新命題分別與實驗互相一致，那麼，我們便可暫時接受該理論（指原則的組合或假設系統）。反過來說，倘若新命題中有與實驗相矛盾，而我們再三檢查實驗是沒有錯誤時，那麼，這樣的理論便要被放棄和等待新理論對它的修改（如上述有關物體運動與其質量之間的理論）。我們現在要強調的是：科學家是從經驗觀察中所獲得的資料（經驗）而建立理論的，企圖認識事物的眞相（眞實性，本體）。但是，在研究或認知的過程中，由於人類智能上的限制（因爲人類並非全知全能），故我們

---

[35] Carnap ed., *Foundation of the Unity of Science*, Vol. I, No. 7.

對經驗的認知與「眞實」之間常常出現矛盾。然而，這種矛盾是具有積極的意義，它（或它們）正是促使科學知識向上提昇的原動力。也就是說，從科學方法論的觀點看「經驗」上的「現象之自然」與「本體」之間的「二歧性」，是客觀地存在著，這種客觀的存在並不隨著「圓融無礙」的理想性要求而消失的。

§3.5　認知對象的建構 —— 以「電子」爲例

「經驗」與「本體」這個「二歧性」之所以一直存在於人類的認知活動中，這一方面固然是由於人類的認知心是有限有盡，另一方面又由於認知的對象由人類的認知心藉著經驗（感官）材料而建構起來的。 關於這種建構， 可分爲方法論意義及超越意義 (transcendental construction) 兩方面來說明。我們現在只從方法論的意義上，並且以電子爲例，藉以說明「經驗」與「眞實」之間的「二歧性」是人類認知過程中一項難以避免的事實，因爲這裏所謂「眞實」乃出於理論上的猜測，而猜測又不一定能與「眞實」相符合所致。

（A）湯姆遜 (1857–1940) 有關「陰極射線」之實驗

1869年，希托夫(J. W. Hittorf)發現陰極射線，當時德國的物理學家們因爲受到赫茲 (H. R. Hertz) 的影響而大都以爲陰極射線爲一種以太波動。但是，當時英國及法國的物理學家卻大多認爲陰極射線是粒子流。陰極射線究竟是以太的波動還是粒子流的問題一直爭論了二十多年，這個爭論引起了湯姆遜的興趣。

湯氏設計了「陰極射線管」（圖一），證明陰極射線是從陰極放射出來的。隨後又設計「陰極射線電荷」的裝置（圖二），證明陰極射線在靜電場的偏轉現象。陰極射線是眼睛所看不到的，然而當這種射線在玻璃管內衝撞玻璃，肉眼可看到壁上的綠色螢光。此時倘若在

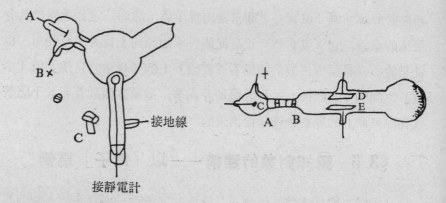

圖(一) 湯姆遜的陰極射線管　　　圖(二) 湯姆遜測陰極射線電荷的裝置

管外加上磁場，則射線的途徑便出現偏轉，這種現象表示陰極射線帶負電。湯姆遜根據這些現象而提出「猜測」（假設），以這種帶負電荷的陰極射線是由粒子所組成❸。總言之，湯氏設想陰極射線的本質是粒子而非波動，主要理由在於：

①陰極射線是直線傳播（如果是波動，則不會是直線進行，這是牛頓以光為粒子說之理由之一）。

②在磁場作用下發生偏轉現象（這是一種機械作用）。

為了進一步研究這些粒子，他於是又對陰極射線做了一系列的測量及計算，這主要在於計算這種粒子的速度。

（B）電子速度之計算：

湯氏原來提出兩種方法來處理這個問題。我們在此只展示第一種方法，這是以一束均勻的陰極射線穿過一個小縫而進入與靜電計相連的集電器。在一定時間內，粒子送至集電器的電荷Q可從靜電計中測出。

①以 e 為粒子所帶的電荷，n 為進入集電器的粒子數量，則

---

❸　湯姆遜的實驗報告。(Thomson, J.J., *Recollections and Reflections*.)

$$Q = ne \quad \cdots\cdots\cdots\cdots\cdots\cdots\cdots ①$$

②粒子的總動能W也可計算出來，由於粒子衝撞集電器，於是其動能便轉變成爲熱，結果管的溫度發生變化，所上升的溫度是可加以測量的。設以 v 爲粒子之速度，則

$$W = \frac{1}{2}nmv^2 \quad \cdots\cdots\cdots\cdots\cdots ②$$

③設 H 爲磁場，使粒子產生偏轉，並以其軌道之曲率半徑爲 R，則

$$\frac{mv}{e} = HR \ \text{或者} \ \frac{mv^2}{R} = Hev \ \cdots\cdots ③$$

④從以上三式，可得到這種粒子所帶電荷 e 與它的質量 m 之比 e/m，卽：

$$\frac{e}{m} = \frac{2W}{H^2R^2Q} \cdots\cdots\cdots\cdots\cdots ④$$

⑤計算 e/m 之後，其速度 v 也可求得[37]。

在實驗過程中，湯氏又先後把不同氣體放入放電管中，結果發現 e/m 之值不會因不同的氣體而改變。若以鐵及鉛作電極，情形還是一樣，這就說明各種不同物質之陰極射線的粒子皆沒有差別。於是他進一步猜測這種粒子爲組成物質的共同要素，遂名之爲微粒。1899年，他又把微粒改稱爲「電子」。

§3.6 殿　語

從上述可見，作爲物理學對象的電子是個建構的概念，這種建構是從觀察及分析與計算而得到的。其要點如下：

---

[37]　同上。

①觀察管內的螢光而推論射線的存在。

②從螢光出現的位置而推論射線乃循直線進行。

③從觀察磁場的作用下所發生的偏轉及偏轉之方向，而推斷陰極射線帶負電。

④湯姆遜從上述①—③的現象而猜測陰極射線為帶負電荷而高速運動的粒子流，並非電磁波（非以太波動）。

⑤粒子的速度可按照 §3.5 所示而計算出來。

此外，有關電子的電荷及其質量皆可藉著實驗觀察及計算分析而建構出來。然而，湯姆遜這樣建構起來的電子概念畢竟仍是屬於一種猜測，這種猜測是建立於所觀察到的「經驗」。然而這樣建立起來的電子圖像就能反映它的全幅真實性嗎？1927年， 戴維遜及革馬（Davisson-Germer） 卻提供我們有關電子的另一幅像， 可見在湯氏提供給我們有關電子的圖像，仍不可視為電子的真實面貌。至於戴維遜與革馬根據實驗而提出的電子本質是這樣的：

①電子既具粒子性， 又具波動性，這二者之間的關係可由德布羅意關係式表示，卽：

$$P=h/\lambda=2\pi\hbar/\lambda=\hbar/\lambda=\hbar k$$

②電子的確實行為是無法預測的， 我們只能預測其行為的可能性。

③依照量子理論，準確地規定軌跡是不可能的。

④在一區域內觀察一個電子的機率與其相同的波場強度成正比。

戴維遜與革馬所提出的電子圖像就是電子的全幅面目嗎？根據我們在 §3.4 節所說， 則這個圖像也許有一天會被物理學家再作修正， 由於人類智能的有限性，我們實在無法保證能藉著有限的觀察（經驗）及有限的理性，在短時間內認識自然。可見「經驗」與「實在」之間的

「二歧性」確實是存在於人類的有限認知活動之中。所以圓融無礙的自然觀只是一項理想，而不是人類認知活動的確實境況。

本文主要參考書

1. Aristotle, *Metaphysics*, in *The Complete Works of Aristotle*, ed. by J. Barnes, Princepton University Press, 1984.

2. Aristotle, *Categories*.

3. Aristotle, *Physics*.

4. B. G. Kuznecov, *Von Galilei bis Einstein*, Berlin, 1970.

5. Christian Huygens, *Treatise on Light*, in *Great Books of the Western World*, Vol. 34, Chicago, 1952.

6. I. Newton, *Principia*, University of Calif. Press, 1934.

7. I. Newton, *Optics*, in *Great Books of the Western World*, Vol. 34, Chicago, 1952.

8. Thomson, J. J., *Recollections and Reflections*, London, 1937.

9. A. Whitehead, *Concept of Nature*, Cambridge University Press, 1978.

10. *Alfred North Whitehead*, An Anthology, ed. by F. S. C. Northrop and Mason W. Gross, New York, 1953.

《易經》與懷德海

楊 士 毅

前 言

本文主要針對英國哲學家懷德海（A. N. Whitehead, 1861-1947）之宇宙觀與《易經》哲學的哲學氣質加以比較研究。其下共分成八部分：（一）語言與方法；（二）終極眞實的預設——動態歷程性；（三）攝受與價值；（四）創造與生生、上帝與乾坤；（五）雙極和諧的辯證歷程——相反相成（六）生命性；（七）化危機爲生機；（八）最後在結論中則提出其哲學應用之異同及相互補充之處。

一、語言與方法

懷德海的語言觀有三大特色：（一）消極地強調語言的限制性，他說：「哲學乃是以有限制性的語言去表達宇宙的無限性的一種嘗試或企圖。」❶其次，主述式命題是支離破碎，是抽象的❷，因此進而要求人們不要信任語言。因此他又說：「若不記得任何說寫陳述都不是恰當充分表達任何形上命題，則在文化發展中的任何形上命題是不

---

❶ A. N. Whitehead, *Essays in Science and Philosophy*, Taipei: Rainbow-bridge Book Co., 1970, p. 14.
❷ 參閱楊士毅：《懷德海哲學》，臺北：東大圖書公司，民國七十六年，頁一〇九～一一三。

能被理解的。」❸（二）形上學語言是一種隱喻，當然，我們可以換成另一種表達，亦卽此種語言是一種象徵語言，所以他又主張「哲學近於詩，兩者皆尋求表達我們稱爲文明的終極感知，兩者皆超越語言的表面意義，而直指形式。」❹（三）由於（一）與（二）；因此，他更積極地要求人們透過語言的表面意義去從事想像的跳躍（imaginative leap）以便了解語言中所隱喻的豐富意義。同時也要求讀者在閱讀形上學著作時對於形上學要盡最大的可能去擴延其所能夠具有的內容❺。

很顯然，透過上述語言觀，我們也可將其轉化於閱讀《易經》上，《易經》的作者當然未曾具有如上述明確的表達。但顯然《易經》在表達上確實使用了許多的象徵語言或隱喻，而且這種表達是透過對大自然界的觀察加以想像或推論而得。例如，八卦的人工語言或符號「☰」乃象徵乾、天、剛或男……等，☵象徵坎、水、險……等，卽使是卦辭、象辭中的自然語言也是象徵的表達方式。

例如〈復卦〉☷☳係震下坤上，亦卽「雷在地中，復」；此處「雷在地中」，一方面從科學語言觀之，它是假命題；但是此種「假」卻更凸顯了其所象徵或隱喻的豐富意義。〈比卦〉☵☷，坤下坎上，地上有水：「夫物相親比而无間者，莫如水在地上，所以爲比。」❻〈損卦〉☶☱兌下艮上，澤在下，山在上，故山下有澤，或損下益

❸ A. N. Whitehead, *Process and Reality*, Corrected ed., edited by D. R. Griffin and D. W. Sherbwne, 1st ed., N. Y.: The Free Press, 1979, p. 13.

❹ 同❸，頁四，一三。

❺ cf. A. N. Whitehead, *Adventures of Ideas*, 1st, ed., N. Y.: The Free Press, 1968, p. 237.

❻ 程頤、朱熹撰：《易程傳》、《易本義》，臺北：河洛圖書出版社，民國六十三年，頁七九。

上，其道上行。凡此種種象徵式的表達，乃偏佈於整個《易經》，甚至最基本的人工語言「一」即象徵陽、天、男或剛……；--象徵陰、地、女或柔……等，均是象徵語言。

由於古代語言不夠發達，再加上《易經》所言大都是象徵語言，所以讀者面對上列語言，一定要透過想像力去想像其豐富的意義。但由於其具有豐富意義，因此有些人並不見得可想像出來，這也是《易經》難懂尤其是易象難懂的原因之一。其次，就哲學而言，隱喻或象徵語言並不是最佳的表達方式，無寧說是不得已的表達方式。所以，當代人還是需要盡其力量將其象徵意義明晰地表達出來，而且加以嚴謹的論證為什麼雷在地中是象徵「一元復始，萬象更新」的復卦；為何坤下坎上，地上有水，象徵「比」（親切的結合或聯盟）；關於此，上文中，我即引了程頤的詮釋，但仍待當代人進一步的分析。但就懷氏哲學言之，由於其受過嚴謹的邏輯及自然科學訓練，所以他雖然強調哲學語言中隱喻的意義，但基本上，他還是使用了大量的科學語言；只在接觸到人類抽象語言不可言說的或很難言說的，才大量引用浪漫詩及種種隱喻之使用。換言之，隱喻的使用也是在指向那不可言說、不可思議或超越人類語言直接表達的意義領域。換言之，哲學的價值或功能之一，即是成為邁向超越語言表達的領域的一種橋樑。懷氏哲學如此，《易經》哲學亦復如是。當然哲學中的科學語言從「習得默會知識」(tacit knowledge)的角度觀之，也可視為象徵語言。

就方法而言，兩者均起源於對大自然界經驗的觀察，而且也都是運用懷氏所說的：「想像普遍化」的方法❼；《易經》乃是「仰以觀

---

❼ 關於此方法的詳細說明與討論，請參閱楊士毅：《懷德海哲學》，頁二九～三一，及四四；楊士毅：《邏輯與科學哲學》，臺北：書林出版社，民國七十六年，頁六七，六三，二○七。

於天文，俯以察於地理」（《易·繫辭上傳》，在第三章）；但其間的差異可說是古代與現代、東方與西方哲學的基本差異。

《易經》由於年代的古老，其所起源的觀察資料，主要是當時人的天文知識及常識性的直覺；而不是現代經過現代科學儀器及理論所觀察到的較精密的經驗資料及種種社會學的資料。而懷氏則以後者為主再配合種種科學理論，例如物理學、生理學、美學、倫理信念、社會學及儲藏人類經驗的寶庫——語言文字❽，同時也和詩人的洞觀與直覺相對比，然後才想像普遍化，企圖形成一套融貫的、合邏輯、必然的普遍觀念系統，並藉著此系統去詮釋我們經驗到的一切元素❾，因此，就哲學上的論證、分析、語言表達及其所詮釋的種種科學經驗是和《易經》不相同的，而這些不同正是當代東方哲學所需要補充的，藉以成就更現代化更精密的哲學。

但雖然有上述差異，然而其基本哲學精神與結論卻和懷氏透過現代科學洗禮所衍生出的哲學宇宙觀相當契合，但此契合並不意味著《易經》包含了現代科學知識，或說讀了《易經》就會懂當代物理學或電腦等。

底下，我們就述其哲學精神相會通之處。

二、終極眞實的預設——動態歷程性

首先，就西洋傳統形上學，其包含了哲學宇宙論及本體論；但就懷氏之自稱其哲學為宇宙論一詞，實已包含了上兩部門。其次，傳統的本體論，主要是對存有的結構作靜態分析，而且語言表達及層次的區分仍嫌含籠統與歧義，同時對於存有活動歷程的普遍性之細節描述

---

❽　同❸，頁五。
❾　同上，頁三。

仍相當缺乏；然而，懷德海在當代生物演化論及相對論強調時間因素的重要性之影響下，將時間因素引入宇宙及存有的討論，而形成了極複雜的歷程哲學。這種強調時間因素的介入，可說是二十世紀兩大形上學家的共通性；一爲懷德海的名著《歷程與實在》（*Process and Reality*）；一爲海德格的《存有與時間》（*Sein und Eeit*），存有即相應於實在，時間即相應於歷程。不過後者的科學性不夠高，而且和《易經》之哲學氣質距離較遠。

由於時間的介入，因此，涉及了歷程的描述，同時，對於「事態」的分析，也是在討論利那事態在時間之流中之如何流變。簡言之，懷氏所要討論是：任何具體存在事物的任一利那的具體活動歷程及其作用的普遍形式的描述，亦即在時間之流中，實際事物、事態、情境的討論。由於在具體世界中，必然涉及時間因素，所以懷氏的範疇乃是一種最高的具體普遍性的描述而且由於時間因素的介入，因此其所描述的具體內容，和傳統哲學家如亞里斯多德、康德所提出的範疇表所作區分及所描述的內容，如自立體、依附體、量、質、關係……等抽象範疇大不相同，上列範疇顯然是抽象、靜態的；同時懷氏更認爲若以抽象的普遍性來解釋具體，即犯了具體性誤置的謬誤，不只近代科學所衍生的科學唯物論的哲學理論犯此謬誤，即使亞里斯多德、康德也犯此謬誤。這種強調具體性的精神是和《易經》相契合的。其次，由此種具體性及時間性所衍生的以動態歷程爲終極實在也是和《易經》之精神相會通。綜觀《易經》的六十四卦之流變關係及演化歷程與卦本身之描述具體事態的普遍性即可了解，例如天、地、屯、蒙、需、訟、師、比……等，這些表達即是宇宙人生之演化歷程的具體普遍性之描述，簡言之，《易經》哲學已預設了以動態歷程爲具體的終極實在。

　　然而，此六十四種宇宙人生間的具體動態歷程或事態間的具體關係又是如何形成呢？此卽下節所要討論的。

三、攝受與價值

　　就宇宙人生之如何形成，我們可分二方面來討論：（一）就一與多的相互攝受（prehension）與價值實現歷程來討論，其中攝受區分成甲、積極攝受：卽感受，它具有吸收納入資料的作用；乙、消極攝受：它具有排斥資料的作用。（二）就雙極和諧的辯證歷程來討論。但由於（一）與（二）又涉及了（三）懷氏創造與上帝的理論或《易經》之「生生」及「乾坤」之理論。但爲方便，我們先由（一）開始討論、然後再至（三）與（二）。

　　懷氏認爲任何刹那事態的歷程乃是由攝受多個其他事態而形成，甚至也可以是攝受宇宙一切事態而形成；但是除了上帝之外，一般的實際事態或刹那歷程只是感受或感應了多種事態，而不是一切事態。一方面宇宙萬有的橫截面是透過相互攝受及相互內存而相互關聯以形成層級對列的結構；另一方面宇宙的演化歷程，也是由多形成一，此一又產生作用，使此一又成爲新的多中之一；其中多至一的歷程，懷氏稱爲具體化的共生歷程（concrescence）；而一產生作用成爲新的多中之一，則稱爲遷移歷程（transition），前者是體、後者是用，而且體用合一，且是同時完成，如此的整個歷程才叫一個事態❿，而此一與多之相互關係卽攝受；宇宙歷程卽在上述一與多交互轉換、攝受的韻律中不斷地演化，若再配合其橫截面的層級結構，則形成天羅地網式的機體宇宙觀及人生觀，誠然這種宇宙觀和佛學中的華嚴宗最相

---

❿　關於此一與多相互攝受歷程之細節描述與討論，請參閱楊士毅：《懷德海哲學》，第二章。

契合。但也有助於我們對《易經》哲學作創新性的詮釋，或更進一步了解《易經》哲學的深層結構。

首先，我們將《易經》的每個卦，甚至爻，視爲某一個事件或事態、情境，甚至是利那歷程的活動；如此來看，則卜卦的意義卽在於：對單一事件或利那歷程的發生現狀或未來的發展嘗試提出描述、解釋、預測，並提出解決辦法的活動歷程，這應該是自古代文王卦以來的整個方式。

其次，卦中之爻，若是應爻，則是積極攝受（卽感受或感應），例如初爻陽，四爻陰，二爻陰，五爻陽，則是相互感應。但若是陽對陽、陰對陰則形成消極攝受是一種拒斥的事態，換言之，不是情況良好的事態。

復次，由於每個卦皆可透過爻變轉換成另一個卦，亦卽每個卦和其他六十三卦均具有某種有機關聯，甚至若對一個卦詳細透視，則也可連帶了解其他卦，此可由變爻的理論了解之，或說要完全或更深入了解某一個卦，則勢必也要了解其他的卦。了解其他的卦越多，也相對了解此卦越深入。除了對單一的卦之了解需要如此，而且對卦序演變之了解也須如此，甚至每卦之每爻之了解也需如此。換言之，一卦一事件，並且若仔細分析，則一卦也可見到一大宇宙及此卦所凸顯的獨一無二的事件的特性。甚至，整個六十四卦若由〈乾卦〉開始去推演，固然可以形成一部《易經》；但若以〈坤卦〉爲中心爲開始去演六十四卦亦可；當然以〈復卦〉或其他卦開始亦可。總之，六十四卦、三百八十四爻本身卽是一種由一攝受多而且多攝於一的有機關聯，不過較遙遠的卦，則對此利那事態的影響越小。上述理論，我們大略可從《焦氏易林》得到部分的印證。

此外，就如前述：所謂的積極攝受（卽感受）意指具有價值選擇

的吸收接納的感應歷程；消極攝受乃是排斥某些資料的活動過程；所以，每個攝受歷程本身即是一種價值選擇的歷程，既然每個利那活動歷程即是一種攝受歷程，所以每個利那活動歷程或事件的形成即是其攝受主體之價值選擇的具體實現。而價值選擇的最重要因素即在於主體對於資料的重要感或興趣感，此種重要感或興趣感的實現導致了事件的發生，不只人是如此，宇宙萬有的變動也是如此。相對的，在《易經》的卜卦過程中，卜者之卜出某卦亦復對卜者具有此種主觀之重要感之價值實現歷程。甚至卦序的演化也是一種價值實現的生生過程。同時，懷氏又主張每一事態的發生均是爲了宇宙的大和諧之實現而發生，而且每一事態的發生或宇宙演化之每個過程本身即已實現了此整體性的大和諧，只不過此種動態的大和諧並不是全等於完美，相反的完美也是有低高級，或說由不完善而至於較完善，但仍然是不完美，只是此種不完善也是暫時，然後又導向更完美，但也仍不是絕對完美，宇宙人生即在此種和諧、價值實現的過程中，由不完美邁向更完美，但也一直是在不完美中；這和《周易》之以〈乾卦〉始，以〈既濟卦〉爲第六十三卦──即已完成但又有危險或危機的事態，然後以〈未濟卦〉（未完成之事態）爲字面上最終的一卦，藉以顯示宇宙人生之未完成性及生生不息有異曲同工之妙；宇宙人生本身即是在一價值不斷實現的過程中，成就了一未完成的交響曲或無止境的旋律，這種以價值和諧爲中心的哲學頗相應於原始儒家和道家。關於其中差異，作者將另文論之。

但對於這種動態歷程的具體普遍性的描述，懷氏所列出的範疇表和《易經》之六十四卦之卦名全然不同，後者顯然是更具體化了，它一方面彰顯自然界，一方面彰顯人事之具體變動，也因而其應用上有顯著的不同，關於此，我們結論再討論。

四、創造與生生、上帝與乾坤

　　然而上述一至多、多至一或六十四卦之演變歷程又為何而形成呢？為了解釋此歷程之為何形成，懷氏提出了創造力、上帝及雙極和諧的辯證歷程加以解釋。相對的《易經》也提出了「生生」及「乾坤」之理論加以統攝之。

　　懷氏為了詮釋宇宙人生歷程提出種種存在範疇、解釋範疇、規範範疇，但又以創造力作為終極範疇以統攝之。他認為宇宙人生普遍充滿著或內存著創造力，不只是人類，即使是低等存在物如植物、礦物、石頭均具有之。由於此力量之存在，使得宇宙能夠進行多至一、一至多的歷程，創造力可有六種形式表現出來：（一）實際事物與實際事物間的物理攝受；（二）實際事物對永恆對象（形式）之概念攝受，反方向，則稱為結入；（三）實際事態對上帝的攝受；（四）上帝對無限永恆對象的概念感受（此稱為上帝的先在性）；（五）上帝對既存世界的物理感受（此種為上帝的後得性）；（六）上帝被後起的實際事物加以攝受亦即上帝成為新的多中之一，此稱為上帝的超主體性。透過（一）（二）（三）（四）（五）（六）的作用使得宇宙不斷地創進且日新或生生不息，透過（四）（五）（六）即上帝先在性的限制、後得性的協調、超主體性的品質管制使得整體宇宙不只是創進、也不只是創新，而且也形成了一種整體性的大和諧。宇宙在懷氏看來、宇宙萬有，無論是成或毀，均是為了大和諧而犧牲。很顯然，以懷氏心境來看宇宙，宇宙是美感和諧的。然而這種達觀只能視為一種私有心境的享有，若是在政治社會上建構此種體制或培養此種政治心態，則此種為了整體大和諧而犧牲而毀滅之心態與行為，恰好是獨裁封閉社會的根源之一，法西斯獨裁或共產獨裁的政治社會最喜歡

強調此種為了抽象的國家、抽象的整體和諧而犧牲個人的觀念。

　　相對的，《周易》也提出了「生生之謂易」（《易經·繫辭上傳》第四章）作為歷程之原動力並以乾坤兩卦作為六十四卦的描述宇宙人事之變動的基礎。

　　生生即相對於懷氏之創造力，它是作為宇宙秩序及創新的源動力。換言之，將生生詮釋為創造再創造、創新再創新可使得《周易》更富哲學意義；同樣地，《易經》之易，雖有「易簡、不易、變易」三義，但若單純的取其中性語言——變易來詮釋「易」，則哲學創造的精神仍不夠強化，亦即變易可有好多種可能的方式，不斷地創新是最具有生命力的一種。若以創新來解釋「善易者不占」[11]；則成為「善於創新者不占」，而不是單純地「善變者不占」，後者的詮釋很容易使讀者形成易於強調奸詐狡猾善變的印象與流弊；而使用前者的詮釋則更能提升人類的道德且鼓舞人類不斷地創新。很顯然地方東美在英譯「生生之謂易」即採取了 Creative creativity（創造又創造）[12]是有其理。更重要的是面對困境，我們更需要以創造力來解決新難題，也才能使社會進步。換言之，宇宙不斷地創新的歷程即是「大道之行也」之精義。或簡言之，道即是宇宙歷程。只是道的種種屬性，

---

[11]　此處「善易者不占」也可詮釋成精通《易經》者不占，但問題是這樣詮釋頂多具有宣傳《易經》很有用的宣傳價值，對於了解《易經》內容之深義並無多大幫助，同時精通《易經》與否即在於如何深入詮釋其語言中深層結構或意義，而不是只是講些門面話或文化宣傳或宣言，更不是只在常識層面的片斷的人生意義或體驗的描述。尤其面對古代語言之不發達，更需如此，不過最重要的還是在詮釋之外，積極地用新方法新內容去創作。其次，正文中，所提的「善變者不占」之強調「變」所形成的流弊，到最後，則使得大多的中國政治文化變成誰知道如何察看皇帝的臉色及在適當時刻奉承、拍馬屁，誰就獲得皇帝的授予權力，而這些權力均是不具有任何或只具有少量的民意基礎，當然中國教育界也是如此。

[12]　cf. Thomé H. Fang, *Chinese Philosophy: It's Spirit and Development*, Taipei: Cinking Publishing Co., 1981, pp. 109-110.

各家見解不同，但以上述的詮釋方式，則道是享有了生生不已、不斷創新的屬性。至於道之大化流行，我們可進一步從上帝理論詮釋之。

　　首先，我們先從懷氏的創造力及上帝先在性來看生生及〈乾卦〉。乾是一切萬物資始的根源，《易經‧彖》曰：「大哉乾元，萬物資始，乃統天。」而懷德海的先在性乃是秩序、自由、形式、創新的根源，配合了創造力乃形成了宇宙的創新歷程，《易經》之以〈乾卦〉開始，也意味著宇宙之運轉也以此為起頭，它是一種剛健的創造力，再配合「生生」之源動力，而形成了「天行健，君子以自強不息。」（《易經‧乾卦象辭》）的現象。簡言之，生生與〈乾卦〉是交融的力量；〈乾卦〉不只具有懷氏上帝先在性的部分性質，也具有部分創造力範疇的性質因此。德譯者衛禮賢（Wilhelm）及英譯者 Baynes 將〈乾卦〉譯為 The Creative⓭。

　　至於坤卦則相對比於懷氏上帝的後得性。〈坤卦〉象徵大地，它是包容含藏萬物且養育萬物，既無私心也無偏愛某物，就如《易經‧坤卦象》曰：「至哉坤元，萬物資生，乃順承天。坤厚載物，德合老疆，含弘光大，品物咸亨。」（《易經‧坤卦象辭》）「地勢坤，君子以厚德載物」（《易經‧坤卦象辭》）；相對的懷氏上帝的後得性也是無任何偏愛或私心；祂缺少了消極攝受之運作，故不排斥任何的實際事態或萬有；相反的更以強烈喜好的主觀方式去感受所有的實際事態及祂自己，同時也協調萬有，使萬有形成總體性的和諧，並使萬有價值定位，且具有獨特的價值，使得萬有都對宇宙具有無法為他物所取代的貢獻，而成就此上帝的物理側面或演化側面，就此接納包容

⓭　*The I Ching*, Trans. in German by R. Wilhelm, Foreword by C.G. Jung. Trans, in English by C.F. Baynes, New Jersey: Princeten UP, 1950, p. 3.

萬物之性質和《易經・坤卦》是相同的，所以 Wilhelm & Baynes 譯爲 the Receptive⑭，當然坤卦或上帝的後得性並不是只具有 the Receptive 之意義。

五、雙極和諧的辯證歷程——相反相成

就如前述，懷氏透過上帝三性之交互作用使得整體宇宙的靜態橫截面及動態演化歷程時時形成整體性的美感和諧，而且也使得宇宙中每個成員均具有不可被其他成員所取代的獨特價值；這種解釋和諧的起源，在《易經》上則直接地透過太極來揭示此總體性的和諧，它是以乾坤或一陰一陽之互動來形成具有總體性的動態和諧的太極或道。此種整體性或廣大和諧的宇宙觀不只是《易經》也是其他大部份東方哲學的特色。換言之，《易經》所述只是缺少有關上帝超主體性的解釋。

但是上述《易經》之區分陰陽或乾坤二元，並非某些西洋哲學家如柏拉圖、黑格爾、馬克斯等人之二元對立或矛盾衝突的關係，而是此相反的二元是一種相反相成或互補的動態和諧的辯證關係，此種歷程我稱爲雙極和諧的辯證歷程。同樣地，在懷氏系統中，亦主張上述理論，其認爲：任何存有均具有心極與物極（此乃一種基本設定）。心極的作用即在形成概念攝受，以攝受永恒對象或形式；物極的作用在形成物理攝受（含物質、生理及心理層次），藉以攝受實際事物，前述上帝的先在性即是心極作用或概念感受的特例；至於上帝的後得性即是由物極作用而形成，是物理感受的特例。此種心物二極乃是互補而形成一較完整的實際事物之基本結構，兩者之間的關係乃是互補而運作，以形成和諧的實際事物或刹那活動歷程，它也不是傳統西方哲學的二元對立或矛盾的關係，因此特名爲二極(dipolar)。當然，

⑭ Ibid., p. 10.

懷氏並沒有使用「辯證歷程」一詞，他只是使用攝受或感受歷程，以有別於矛盾、衝突的辯證歷程，藉此凸顯其強調和諧性質及異於其他西方強調矛盾之哲學。

當然此種雙極和諧的辯證歷程也是一種無止境的開放創新歷程，其理由在於：上帝的先在性係感受了無限多的永恆對象，當一般的實際事態感受或實現了上帝先在性所保存的未曾實現過的永恆對象，卽形成了宇宙的創新。但既然永恆對象是無限多；因此，其歷程也是無止境的，而且也隨時在和諧中創新、創新中尋求真正的動態和諧。此和前述《易經》以乾坤始且以未濟終的未完成的開放宇宙觀頗相契合。

六、生　命　性

哲學家將整體宇宙視爲具有生命的或無生命的乃是一種形上學的基本設定；其優缺點，端看：（一）以此種基本設定出發是否更能詮釋更多的宇宙中所發生的事件或種種經驗（如科學經驗及常識經驗）、或更能深入了解宇宙；（二）從實效上言之，則是當人們接受該基本設定是否帶給人們更多的幸福或利益如和平等。

就懷氏而言，他明白的主張：具有生命的宇宙觀才更能了解宇宙或自然。他說：「我們需要將自然視爲活的自然（或有生命的自然）……若自然中引進生命的觀念，則會使我們對自然的構思更爲具體而無抽象。」⑮很顯然地，懷氏採用生命宇宙觀的著重點是在更了解具體的自然。當然，這種基本設定的形成還是有其某些經驗資料的基礎再加上想像普遍化。關於此，我們可從懷氏所論述的宇宙社會之理論印證一二。

---

⑮ A. N. Whitehead, *Modes of Thought*, 1st ed., N. Y.: The Free Press, 1968, p. 147.

從生物學的角度觀之,宇宙中當然包含生物和無生命性的無機物;但懷氏認爲「卽使無機物也具有心智作用或心智性,只是它是在潛存狀態」⑯。此處心智性一方面意指前述之心極,亦卽無機物也具有心極以形成概念攝受,甚至也具有形成較高級的智性心智 (intellectual mentality) 的可能,亦卽無機物也具有獲得如人類等高級生物所具有的抽象能力之潛能⑰,但我們要注意這只是潛能,而非現實。其次,懷氏又認爲生命的三大特徵爲 (一) 自我的享有 (二) 創造性活動 (三)目的性⑱。同時更主張所有的利那活動或所有的各層級社會均具有上述三大特性。因此,從整體宇宙的宏觀論之,懷氏是主張活的自然或說是具有生命性的宇宙觀;從微觀角度觀之,懷氏也傾向於將個別的宇宙萬有視爲均具有其哲學所定義下的生命特徵,且具有心極或心智作用的結構。

從上述諸節及本節可知:懷氏的宇宙觀絕非機械性的宇宙觀,而是機體相關——相互攝受以達和諧、且具有開放性、生生不已的生命宇宙觀,而且更認爲如此有助於吾人了解大自然的具體活動。此外,接受如此的宇宙觀更有助於使人類更尊重宇宙萬有,更能促使人類朝向和平的坦途邁進,這也是懷氏建構其哲學的原始動機之一,蓋其在中年時眼見其幼兒在年輕時(時任英國皇家飛行員)在空戰中喪生,此事件影響懷氏甚大,他所致力的卽是促使世界自由和平的宇宙觀,因而在其宇宙論中所提出的宗教理論,卽是爲了包容各種神明理論而努力,藉以消除由於各種族各地區之不同宗教信仰所引發的宗教紛爭。當然實際效果並不是很顯著,此乃形上學的特色或缺點,但相對

⑯　Ibid., p.167.
⑰　同❸,頁二五四。
⑱　同⑮,頁一六七～一六八。

地卻具有和緩及持久的作用，而不是迅速激烈剎那即消逝的作用。畢竟自由和平並非一蹴可及，甚至極可能自古以來每年總有某些地方發生局部性的戰爭。

總之，上述生命宇宙觀和東方哲學《易經》、儒家、道家或某些印度哲學及印地安原始部落的某些宇宙觀非常類似，所不同的是：懷氏多了一些當代種種科學知識的輔助，同時也積極地去吸收、詮釋這些科學經驗。後者則是傾向於本能的、直覺的信仰與判斷。

我之所以將《易經》視為具有生命性的宇宙觀除了前述強調生生不已的宇宙所凸顯的生命之創造性外，另外也因為《易經》幾乎每個卦中（亦即每個事件或每個剎那事態）均具備了上述生命的三個特徵；從另一角度說，則幾乎每個卦都具有生機性，但要具有生機性，則必須預設每個剎那事態（即每個卦）都需要具有上述生命三大特徵，否則無從形成真正的生機。所以，在下節中，我們即討論《易經》及懷氏如何化危機成生機或在困境中如何尋找解決困難之道。

七、化危機為生機

在《易經》六十四卦中，無論是如何艱困的卦或事態，它總是存有一線生機。例如☵☳水雷屯，彖曰：「屯，剛柔始交而難生，動乎險中……。」表面上看起來是困難而且危險，是相當困屯的事態，甚至快沒戲可唱了。但是在初九即曰：「盤桓，利居貞，利建侯。」亦即在困境中，雖然盤桓不動，表面上似乎無進展；但若居正固其志、且不冒進、並等待時機，則利於建設。至六四時，若能求賢以補充自己之不足，則「往吉，无不利」；但在九五時，小貞吉(小正才吉)，大貞凶（蓋若威權正喪失，但仍在困境中，若驟然大正之，則容易呈顯凶象），這是一種入世的處世之道，不過更是在專制社會（此即困

屯的事態之一例） 更爲必須具備的處世進退之道， 若是處於較健全
開明的社會或你的上司也是較開明的人，則大魄力、大改革、大貞或
大正亦吉。當然此處之事態已非困屯之時矣；很顯然上述《易經》這
種看法，並不適合改變歷史的大革命家或大改革者，通常在困屯的事
態中，若有些人仍然大魄力、大改革，大冒進，有時更能扭轉歷史，
此卽所謂激進派或譯澈底派（radicals）在歷史上的價值所在。

　　再如〈否卦〉☰☷，天在上， 地在下， 天地兩相隔絕， 互不往
來， 故象徵否之事態❶。 但卽使此種否之極端危機中， 至九四或九
五，仍呈現一些生機，如九五卽曰：休否，大人吉，其亡其亡,繫乎苞
桑；象曰：「大人之吉，位正當也。」亦卽，在此種事態中，吾人需以
陽剛中正之德，以大魄力、大耐心，積極去大力改革，則可以使否的
事態休止；而不能只是在那兒哀嘆憂患：現在的情況縱然眞的像苞桑
之細嫩柔弱，但只是哀嘆只是強調憂患意識是無用的，最重要的是合
乎正道地去積極地大力改革，若如此，才可化解否境。而此種人卽稱
爲大人。上述化危機成生機的方式和〈屯卦〉之事態之化解方式卽有
些不同，後者只能小正吉。然在〈否卦〉，則必須以大正剛陽之才大
力改革，才能進至上九之「先否後喜」，反危爲安，易亂爲治❷。但
如前述，歷史上又證明上兩種事態都需要積極地、澈底地（radically）
去改革，才會加速改革社會。

　　其他各卦也都會呈現一些危機，但基本上也都可以找出一線化危
機成轉機及生機之道，雖然在態度上仍有差別。本文只舉上兩卦。不
過，綜觀各卦，其化解危機之道不外下列數種：（一）中正原則，中是
使剛柔、陰陽平衡和諧；正意指正德、修德，兩者是一體的。 （二）

---

❶　同❻，頁一一三。
❷　同上，頁一一六～一一八。

時變原則：看時機而行動，有時需漸進，有時需冒進；有時需要等待
一些時候，在等候之時，則需要充實自己的知識及修身養性等，而非
只是單純的「待時」，例如〈需卦〉。總之，一切依當時事態而定，但無
論何種事態積極的改革人士都具有一定的價值，而且也一定需要此種
人。但是《周易》之轉入儒家、雜家、陰陽家，大致上都偏重以「重
修德」為原則、以待時為輔，甚至到後來更逐漸形成以道德為中心的
哲學。當然此處重修德涵蓋範圍相當廣，如「君子之自強不息或厚德
載物」均是其例。我們若用命理卜卦理論中所言，則表達更清楚❷。

　　　　誠心誠意最靈驗

　　　　個人家國皆可占

　　　　吉凶禍福有定數

　　　　積善成德玄機變

　　首尾兩句均是有關道德之問題。然而，我們要問的是：單靠道
德、時變即能化危機成生機嗎？在實際事態中，顯然並非如此單純。
因此，我們也參考一下懷德海的看法。

　　懷氏之化解之道強調創新探險及包容的精神。畢竟任何的社會、
任何的人生，即使多麼地太平，也包含了一些混亂的事態，雖然其間
具有大小多寡程度與性質之區分，但無論何時何地它們總是一直存在
著。面對這些混亂事態，我們不應該排斥壓抑或逃避偽裝說其不存
在，或說是有心人的故意製造。相反地，我們需要承認這是一種自然
會形成的事態，或隨時隨地都必然會存在的事態，而且更需要視其為
使社會更進步、更上一層樓的根源。畢竟會產生混沌是因為舊社會的
舊秩序、舊制度及舊文化並不足以處理此種混沌或混亂；因此，我們

---

❷　關於命運、卜卦理論，請參閱楊士毅：《命運‧愛情‧科幻——兼論宗
　　教改革運動》，第一章，臺北：書林出版社。

必須以探險創新及開放的心態去容納它、而不是壓抑它或視而不見、聽而不聞，相反地，甚至藉此混亂爲助力或踏腳石，以便進一步建構更高級和諧的新社會。亦卽，面對混亂或危機去消融它，融攝它才是促成社會或人生走向更高級的新和諧、新秩序的契機。因此，懷氏說：「假如想要超越已被限制住的理想而形成進步，則歷史發展的路徑必須脫離舊有已限制住的路線，且必須沿著混沌的邊界加以探險，以便形成高級型態的秩序，藉以取代低級型態的秩序。」㉒

很顯然，懷氏之強調探險創新及包容精神或《易經》之強調修德性是有些差異。不過《易經》之重時效，若不將其只解釋成單純的、消極的進退應變之道，而更補充了積極地主動的創新探險或創造再創造之意義，則更能充實《易經》的內容，也使《易經》之「易」及「生生」之內涵更加富於開創性了。

至於懷氏的道德觀，也與《易經》及儒家不同，而較類似於道家。但其重視在時間之流中的創造則較近於《易經》與原始儒家。關於此，作者將另爲文討論之。當然，化危機爲生機，單單靠修德、時變及原創性仍不夠具體，最基本也要加上充實科學知識、培養藝術情操，如此才較可能化危機成生機㉓。但在傳統中國社會，卽使具備上述，也不夠，因爲還需學會如何歌功頌德、拍馬屁及種種複雜的人事背景，及請客吃飯……等經濟活動。這也是造成中國社會落後於西方社會的根本原因之一，因爲在上述情況下，人無法盡其才。

八、結論——應用與延伸

㉒　同❸，頁一一一。

㉓　人格的提昇亦復如是，請參閱楊士毅：《邏輯與人生》，臺北：書林出版社，民國七十六年一版，頁二三〇～二三三。

　　《易經》六十四卦哲學若加上五行的配合，則其應用及延伸方面如下：（一）卜卦（二）風水（三）中醫（四）詮釋各種中國功夫的原理，尤其是形意拳、八卦拳及太極拳更是密切。（五）經過歷史長期的發展，也可形成命理學中之子平法、紫微斗數，不過後者很難直接追溯，甚至也用不著去追溯即可學習。此外，五行與上述命理學若和原始卜卦方式及內容相配合，也可形成和原始《周易》不同型態的卜卦方式與詮釋。但是我們也要了解：卜卦和算命不盡相同，前者是以一事態或一事件為基本單位，後者則以一生為主；其次，命和運也不同，前者是本質，後者是時間、機緣；至於風水則是生存空間❷；當然高明者可將其一以貫之，然而此種人畢竟少之又少。不過我必須再提醒讀者：（二）（三）（四）（五）的應用及另一型的卜卦，通常會涉及五行之說，亦即單靠原始《易經》是不夠的。

　　相對地，懷氏哲學的應用也相當廣泛，如心理治療、政治、社會、科學及宗教等方面。目前在美國有相當多人在研究，但就如懷氏專家維克多‧洛伊（Victor Lowe）所指出的：「一個思想越廣（越形上）（筆者按：此處指普遍性越高），我們就越需要長遠跋涉才能了解它。範疇既然是真正的形上，那麼就應該能透過每一個經驗獲得例證。但任何的既成經驗或一個時代的經驗全體對於這些範疇的解說，卻只是真理的一小片斷而已，為了證實像懷氏那樣整全的範疇綱領，是需要好幾個世紀」❷，不只證實、印證如此，其延伸後所顯出的廣泛應用也需要好幾個世紀才更能具體顯現出來，《易經》的應用也

---

❷　關於此方面的詳細討論請參閱楊士毅所著：《命運‧愛情‧科幻》，第二章。

❷　*The Philosophy of Alfred North Whitehead*, ed. by Paul A. Shilpp, 2nd ed., N.Y.: Tudor Publishing Co., for the Library of Living Philosophers, 1952, p.104.

是如此。當然此處之應用也是夾雜了後起的種種思潮及其交互影響、交互延伸。因此到了此時，單研究最原始的《易經》以及懷氏原著必然是不夠的，因為它只是起源而已。而且，此種應用或延伸，往往也和原來的面目有相當大的差別。甚至，優良的應用或延伸已不是只具有工具價值；相反地，其已具備了本有價值，並且也超越且豐富及修正原本外顯的起源理論了；甚至藉此，才更能體會種種理論所蘊含的默會知識。這種情況就如同技術並非只是科學理論的單純應用，而是延伸、擴充了，單單了解科學理論，並不見得就了解技術。

　　至於懷氏哲學的應用到目前為止，影響最大的是宗教方面及東西比較哲學方面，前者強調：（一）上帝不只具有永恒性、超越面及創造性，同時也具有演化面、內存面、被創造性；（二）以上帝的善性來代替上帝的旨意神力或懲罰，以便使世界更趨於完善；（三）以個體為宗教的基本單位，而不以團體、社羣、教會、組織、國家為基本單位。筆者認為後者只是方便的工具，真正深刻的宗教信仰是屬於個人在真正感受到孤寂時才真正享有，透過此種個人信仰才真正淨化個人的心靈。

　　就其(三)之強調：宗教信仰屬於個人而不是團體，此和《易經》問卜中所蘊含的宗教精神頗為類似。問卜是個別的信仰，它不需要團體，但是它也可應用於國家家庭(卽所謂國運、家運)。但基本上是以個體為單位。亦卽懷氏也不強調宗教組織，同樣地問卜者也不構成宗教組織。筆者認為集體性的宗教只是個體宗教的附帶品，甚至只是心理學、社會學、人類學或社會心理學……等的研究範圍。真正的宗教信仰是超越人類現有各種分殊學科的研究及應用範圍，而獨立成一特殊、奇妙的個人式、私有式的宗教生活。不過，懷氏的宗教理論具有某種相當程度的論證、描述及現代化的科學知識作背景或踏腳石，而

《易經》則缺少之，它只是單純的個人的私有信念。

至於究竟是超越或內存或單一或多神論，在《易經》中則顯然地是屬於個人之信仰個別差異性了，但信仰神明是內存於世界中的人居多，這也是東方宗教之特色之一——傾向內存上帝論或泛神論或萬有在神論，但是懷氏的神明理論則是在融合各種東、西方的神明理論，而筆者提出的「神秘而眞實的上帝」則是更進一步融合比懷氏更多種類的神明理論❷。簡言之，懷氏上帝的先在性卽是傳統的基督宗教的神明；後得性則傾向於東方的萬有在神論、泛神論或內存的神明理論。

在此筆者澄清一下「神秘眞實的上帝」理論和懷氏上帝理論的差異：懷氏只整合了極端內存論、極端超越論及泛神論三種神明理論，但筆者則嘗試整合歷史上出現及邏輯推論加上創造想像所形成的各種可能的神明理論，亦卽除了上述三種外也包含了各種可能的多神論及各種意義下的無神論，所以也包含了土地公、媽祖婆、關公……等種種民間信仰的神明；同時也從語意上分析了所謂人格（或譯位格）與非人格之意義。而論證出歷史上各種神明理論彼此並非互不相容，而是可相互整合成一和諧對比的統一體，此卽稱爲神秘眞實的上帝，亦卽上述語詞是專用術語；其次，更強調歷史上各種神明理論只是上述神秘眞實的上帝的部分側面，但由於大多數人在信仰其心目中的上帝往往只是上述部分側面之一，但又往往很武斷地自以爲所信仰卽是唯一的上帝的全體，且視其所信仰者爲絕對的、封閉的眞理；因此不同側面的信仰者若具有封閉心態，則往往會引發宗教紛爭，甚至形成仗著他所信仰的眞理運用直接暴力、間接暴力去封殺對方，形成了「宗教殺人」或「眞理殺人」的流弊，要防止此種流弊，唯有培養開放且

❷ 參閱楊士毅：《懷德海哲學》，第四章，尤其是頁一六六～一六七及第三節。

相互尊重的民主心態，建構自由、民主、多元化的開放社會體制；繼而形成開放的宗教與開放的信仰，此即宗教民主運動。尤其握有權力者更不能將政教合一，或形成各種結構化暴力控制教育界、學術界、及種種社會資源❷；同樣地，反對傳統宗教信仰的無神論者也不能運用結構性暴力來控制教育界、政治界等種種社會資源。畢竟「上帝的歸上帝，凱撒的歸凱撒」，否則宣揚使人成聖成賢以拯救世人及提倡仁義道德的種種哲學及宗教理論，都只是一些無形的殺人兇手所穿上的美麗外衣如此而已。畢竟宗教不應該像 $1+1=2$ 那麼精確及具有強制力，若一個人不遵守 $1+1=2$，會造成種種社會秩序的混亂，但一個人信仰何種神明或力主無神論乃是個人信仰的自由，所以，美國憲法第一條修正案即強調「國會不得制定確立一種國教及禁止信教自由的任何法律」，但由於每個人都會具有嘗試將其私有信仰（無論是宗教性或非宗教性）的內容去用語言表達出來的欲望，所以，信仰自由的是否真實存在，也就涉及了言論自由的是否具有真實保障，所以，美國憲法第一條修正案又更進一步精確表達了「國會不得制定剝奪人民言論及出版自由的任何法律」，而且適用於各級立法機關，違背者即違憲，即加以解散，簡言之，在民主社會中，很少有誹謗罪的，而上帝的義務之一即是要保障這些自由的存在，自由在上帝眼光中，是價值最高的。但實際上社會並不是如此，所以，上帝又與人類同擔困難，所以，上帝不只在教堂，也不只在寺廟，也在街頭，祂是在任何不義的地方，任何最需要祂的地方，和有正義感的人們同在，共同以愛心去感化不義的人們，共同改造不義的社會，總而言之，神秘真實的上帝不只使上帝具有民主的屬性而且也促成一種宗教民主運動。

---

❷　關於結構性暴力的詳細分析及如何避免，請參閱楊士毅：《邏輯與人生》，頁二六四～二七二，二九八～三〇三。

　　此外，懷氏的上帝觀除了導出萬有在神論所主張的我們 在 上 帝中，上帝也在我們心中的類似矛盾，但卻不是矛盾的神秘信仰，其所延伸修正而成的歷程神學也和傳統西方神學有下列不同之處：（一）上帝不只創造了世界，而且也一直在世界裏面參與著實際宇宙的演化歷程。（二）由於傳統主張上帝無所不能，因此很容易被別人反問：上帝既然無所不能，那為何不立即將世界轉變為永久的和平快樂，或使每個人無憂無慮呢？面對此難題，歷程神學則主張上帝並不是無所不能，所謂實際世界確實存在著戰爭痛苦；但是上帝卻面對著這些，以無限的善性（包含無限的愛心、耐心……等）去努力感化世界，祂也伴隨或參與了實際世界的創化，透過此種積極地參與來改變世界，使世界時時形成整體宇宙的大和諧且朝和諧的目的邁進。祂既不懲罰別人，但也不是呆板無情的單純道德家。總之，懷氏的上帝觀的延伸與應用引發了神學改革。這些觀點也可用來詮釋《易經》的基本精神及〈中庸〉第二十二章所強調的「參贊天地之化育」「與天地參」之深義。當然，懷氏所主張的也如〈中庸〉，並不是只有上帝參與了宇宙的創化，而是：任何人甚至任何層級的萬有的任何剎那活動也都是如此。

　　其次，就懷氏哲學在數學、自然科學及現代民主社會理論之應用言之，就數學方面，除了早期和羅素合著《數學原理》主張數學的基礎在邏輯外，同時也運用其「歷程哲學」去詮釋幾何學的形成原理，此乃《數學原理》中所缺。就物理學領域，懷氏曾提出異於愛因斯坦的重力場論，不過近年來，由於少數實驗結果，還是印證了愛氏的相對論較精確，所以懷氏理論已暫時為物理界所放棄。至於生物學上也有數篇研究論文。在社會理論，則筆者在《懷德海哲學》第三章第三節區分社會等級的決定因素，曾作了近三十頁的補充、延伸與修正。但一般言之，在二十世紀都是偏重於宗教方面的研究。至於未來如何

則不得而知。至於其所提出哲學性地對科學的批評如自然二分法、單純定位，對其機體哲學的建構固然是重要基礎，但對自然科學，則除非引發一場科學革命，否則其應用也只有等待更遙遠的未來了。

但反觀《易經》在科學方面的應用，除了前述中醫外，幾乎什麼都沒有。這也是東方哲學的整個弱點。值此以科技爲主導的社會，東方哲學家在建構新哲學時，是迫切需要認眞地面對此科學問題了。而這方面的研究則必須依賴邏輯與科學哲學的深入且普遍的研究發展了。當然，近代有些學者說《易經》與現代科學相通，但是作者基本上經常是已先學習當代科學，而不是單單靠念傳統《易經》即可獲致當代科學知識，這是很容易了解的。簡言之，就算電腦原理「確實」是《易經》，若讀了全部《易經》也不見得了解電腦，當然更不會設計電腦硬體及軟體。發展科技或科學哲學並不能靠此種方法與態度的。

最後，由於懷氏哲學和《易經》、佛學、甚至宋明理學、印度哲學均有某些值得會通對比之處，因此其應用也增加了一項：亦卽它成了當代西洋哲學和東方哲學溝通對話的重要橋樑或起點，並且是傳統與現代西方與東方的對話焦點。透過此種有意義、有價值的對比，一方面可刺激人們新的靈感，啟發更強化的創造力；另一方面也可形成更高級的和諧對比統一體，這方面，英文方面的著作較多，中文較少，確實有待強化，我想上述都是本次召開「中國哲學與懷德海」學術會議的根本理由。

〈學記〉與懷德海的教育觀比較

陳　榮　波

一、前　　言

　　教育爲百年之大計，教育的對象是人。孟子曰：「得天下英才而教育之，三樂也。」❶教育的成效在於教育人才，造就人才。一個國家的興替繫於其國民所受教育之良窳而定。因此，國民所受的教育水準影響國家社會既深且鉅矣。本文探討的課題是對中國古代〈學記〉一文與西洋現代懷德海的教育觀作一種「以古觀今，以今摩古」的對比，評價其相互觀點，以作爲當今教育之借鏡。

二、懷德海的教育觀

　　懷德海從一九二四年（六十三歲）來到美國哈佛大學執教後，就努力向哲學殿堂進軍，發展他睿智的才華，終究在學術上綻放他的光芒。他仁慈的人格，如沐春風的教範與慧博學識吸引很多人來到哈佛與他在一起研究、共學。懷德海不僅爲經師，而且亦爲理想的人師。他反對塡鴨式的教育，主張知性的教育 (intellectual education)。他

---

❶　本文取自於《孟子·盡心上》一段話：「君子有三樂，而王天下不與存焉。父母俱存，兄弟無故，一樂也；仰不愧於天，俯不怍於人，二樂也；得天下英才而教育之，三樂也。」趙歧注，宋·孫奭撰：《孟子正義》卷十三上〈盡心〉章句，頁一〇六。

認為知性教育才是人人應當嚮往、努力獲取的眞正學識。此種教育不是完全只從課程或課堂講義得來的，最重要的是它從實際日常的手腦並用中學習而來的。他批評當今美國教育之缺失在於各大學之過度專業化，以致產生各學科間分崩離析的失調現象，那麼，它的解決之道在於強調各學科間的貫連性、應用性與融合性。此種觀點便是現今所謂科際整合之濫觴。現分五項來闡述懷氏的教育觀，敍述於下：

（一）教育意義與種類

何謂「教育」？懷氏界定「教育」一字詞爲「一種引導的過程」[2]。他的教育思想主要著作在於《教育目的論文集》（*The Aims of Education and Other Essays*, 1929 年初版）一書。此書序言云：「此書的整個論題就是有關知性方面的教育理想。貫穿整本書的主要理念簡述如下：學生是活潑的，而教育的目的是啟迪和引導他們的自我發展(self-development)。從此一前提可導出另一系論，卽是教師也應該活潑引導活生生的思想。整本書就是保護學生免於死知識，或保護學生免於惰性觀念。」[3] 此段話描繪出懷氏撰寫此書的整個教育藍圖與動機。

現臚列此書有關教育意義的原文如下，以探究其義：

（1）「教育是一種如何獲得知識與利用知識的技巧。」[4]

（2）「教育的本質是宗教的，宗教教育卽教導人如何盡義務與尊敬他人的教育。」[5]

---

[2] 參閱 N. Whitehead, *Science and Philosophy*, 1st ed., N. Y.: Philosophical Library, 1948, p. 179.

[3] 參閱 N. Whitehead, *The Aims of Education and Other Essays*, 4th ed., N. Y.: The Macmillan Co., 1953, preface.

[4] 同[3]，頁一六。

[5] 同[3]，頁二六。

（3）「教育在本質上，必須是安頓人之不定的心靈，趨於穩定與秩序。」⑥

（4）「教育並不像在大提箱上堆積物件的一種歷程。」⑦

（5）「教育是指導個體朝向生活技能之一種理解。」⑧

（6）「教育宛如從活生生的有機體中消化食物。」⑨

（7）「教育是訓練人對生活的探險。」⑩

（8）「大學是教育的學校，也是研究的學校。」⑪

（9）「大學的擴充是現今時代的社會生活之一種顯著特徵。……大學是服務國家。」⑫

（10）「大學所賦與的知識要具有想像力，像詩人般具有活力與富於變化性。想像不是脫離事實，想像是一種照明事實的方法，即是把一般原理應用到實際事實上，而且經由知性的探索並提出合乎原理的適當解決問題之可能性。」⑬

在上述十條原文中，第一條著重利用知識的技巧要領，第二條從宗教本質來看，認為教育要培育人之責任感與尊敬他人之美德，第三條注重人之心靈的正常發展，第四、第五與第六等三條注重理解消化之教育功能，第七條訓練人如何面對生活環境而適應之，第八至第十條指出大學也是一種培育知性的教育機構，可經由知性的想像力之訓練，以增進社會和諧與國家安寧。因此，懷氏的教育意義便是一種活

---

⑥　同③，頁三〇。
⑦　同③，頁四四。
⑧　同③，頁五〇。
⑨　同③，頁四四。
⑩　同③，頁一〇二。
⑪　同③，頁九七。
⑫　同③，頁九五。
⑬　同③，頁九七。

生生的啟迪心靈的自我發展之探險歷程。

其次，懷氏把教育分為科學教育 (scientific education)、技術教育 (technical education，或譯為專才教育)、通才教育 (liberal education) 等三種，現分述如下：

（一）科學教育：懷德海對科學教育的看法如下：(1)「科學教育在基本上是一種訓練人如何觀察自然現象的技能並獲取導出此種現象的原理、演繹規律與知識。」[14] (2)「科學所喚起的思想是邏輯思想。」[15] (3)「科學目的有二：(a)產生與經驗一致的理論。(b)能夠解釋自然界日常經驗。」[16] (4)「無利益的好奇精神之培育是科學的起源。」[17] (5)「科學是令人喜歡的好奇心所產生的知性活動。」[18] 由上所述，懷氏的科學教育在於訓練人如何觀察自然現象並且獲取正當的知識，以促進人之生活水準的提昇。

（二）專才教育或技術教育：懷氏對專才教育的看法如下：(1)「專才教育主要是訓練人如何利用知識去製造物品。」[19] (2)「專才教育的長處便是具體性。」[20] (3)「工作是遊戲、遊戲是生活，構成專才教育的理想。」[21] (4)「國家直接所需要的人才是有技術的員工、有發明天賦的人才，以及能夠機警發展新觀念的雇主。」[22] 從上面四點中可看出懷氏的專才教育是在於培養有技術的專業人才，從實際工作經驗中體驗人生，享受人生。他認為工作應該融入知性與道德成份在

---

[14]　同[3]，頁五九。
[15]　同[3]，頁六一。
[16]　同[3]，頁一二六。
[17]　同[3]，頁五四。
[18]　同[3]，頁五四。
[19]　同[3]，頁五九。
[20]　同[3]，頁六三。
[21]　同[3]，頁五三。
[22]　同[3]，頁五四。

裏頭，工作才會愉悅、歡暢，實現「工作」、「遊戲」與「生活」三位一體的理想生活。

（三）通才教育：現舉懷德海對通才教育的看法如下：（1）「通才教育是思想與美感鑑賞的教育，它的任務是賦與精緻的思想，並且具有想像力的文學、藝術與智能。」❷❸（2）「通才教育的本質是對於思想與美感陶冶的一種教育。」❷❹（3）「專才教育與通才教育不是對立的，而是相輔相成。」❷❺由此所述，懷氏的通才教育是培育人之精深的思想，並陶冶美感的鑑賞力。

懷氏雖然把教育分為上述三種，但這三者關係如何呢？他說：「在一個國家的教育系統中，要獲取知識有三個主要方法：一、文藝課程，二、科學課程，三、技術課程。」❷❻又說：「我所要表示的每一種樣式的教育應該對學生給予技術知識、科學分類與美感鑑賞等三種學識。而且每一種訓練須由其他兩種訓練來加以輔助照明。最直接的美感訓練自然而然地放在技術訓練課程中，可作為某些技藝或藝術技巧訓練的必備條件。」❷❼由此可知，此三者的關係是三而一，一而三，彼此構成教育的總整體，不可分離之。

（二）教育方法

懷氏的教育方法是採取一種創造性的思考方法，反對填鴨式的教學法。因為填鴨式的教學法不能融會貫通，教他「樹」，無法瞭解「樹林」。它是由「一些惰性觀念（inert ideas）所形成的死知識之一

---

❷❸　同❸，頁五五。
❷❹　同❸，頁五五。
❷❺　同❸，頁五八。
❷❻　同❸，頁五八。
❷❼　同❸，頁五八。
❷❽　同❸，頁一三。

種教育」❷。何謂「惰性觀念」呢？懷德海解釋說：「心靈只是堆積而不會利用、試驗與組合成新的觀念，便稱爲惰性觀念。」❷a 我們所需要的是創造性之思考方法。「自我創造的過程是把潛能轉化爲現實。」❷ 現舉懷氏的看法來加以說明：（1）「我們的目的在於使學生熟悉個別具體情況，而且知道如何把普遍原理與方法應用到它的邏輯探究。……瞭解就是一種靈活運用某一個別例子，進而能够觸類旁通，舉一反三。」❸（2）「我們所要的瞭解，便是瞭解當下卽是（現在）的主張。過去的經驗知識之唯一用處便是爲現在而設置。……現在包括一切。它是神聖的根據。因爲它是過去，又是未來。」❸（3）「聖人的靈交是一種偉大而具有鼓舞的凝聚，但它具有能够去開會的大廳，那就是現在。」❸（4）「在初級教育中，重點在於演練、練習。我們的任務要從容不迫地實行我們所要創造的活力。」❸（5）「心靈決不是被動的，它是持久的靈巧活動並具有敏感度，對外物之刺激給予反應。你不能延誤心靈的生命，直到你使心靈更加敏銳爲止。不管與趣隸屬於你那一種題材，你都必須要喚起它（興趣）；你對學生所給予的任何一種作用都必須能够可以到處操作；你的教學所賦予的任何一種心靈生命之可能性必須到處可以展現。那是教育的金科玉律，也是很難遵循的規律。其困難之處在於普遍觀念的攝受（prehension）、心靈的知性律則與心靈所獲取的愉快之興趣。」❸（6）「教育是一種

❷a 同❸，頁一三。

❷ 參閱 N. Whitehead, *Modes of Thought*, 1st ed., N. Y.: The Free Press, 1968, p.207.

❸ 同❸，頁八五。

❸ 同❸，頁一四。

❸ 同❸，頁一四。

❸ 同❸，頁六三。

❸ 同❸，頁一八。

持續精通事物細微的過程。有一句諺語：因為看到樹，但無法看到樹林的困難。教育問題是使學生從看到樹，進而看到樹林。」[35] 在上述六句中，第一句指出創造性必須包括靈活運用的瞭解作用，第二和第三兩句說明當下（現在）的瞭解是很重要，由它可以融會貫通過去與未來，並包括一切。第四句是說心靈的主動自發對瞭解具有很大助益，第六句是說明把握事物與事物間的連貫性，才能洞然了悟事物的整體性。因此，我們歸結得出懷氏的教育方法是一種具有靈活變化，舉一反三的瞭解與自動自發的創造性思考方法。

（三）教材內容與教學課程

懷氏的教材內容是以第一手資料（first-hand）為主，第二手資料（second-hand）為輔。「第一手知識是知性生活（intellectual life）的終極根基。書本學習是灌輸第二手知識。我們的目的是理解我們生活中的直接事件成為我們普遍觀念的實例。……培根（Francis Bacon）對後世影響的主要重要性不在於他所表達的歸納推論之任何學說，而是在於他被尊稱為攻擊第二手知識的領導者。」[36] 「科學教育的獨特優點應該是把思想奠基於第一手資料之觀察。」[37] 把握第一手資料，才能獲得第一手知識，因此，第一手知識是奠基於第一手的教材內容。雖然第一手的教材很重要，教師在出題時要靈活，富有變化與應用性。懷德海劃切的指明：「不可死背教材，教材之考題須由有實際經驗的教師之創新或修改過才可以，不可墨守成規。它應該靈活運用地出考題。」[38] 因為墨守「同一命題的考試是死的，不是活的。」[39]

---

[35] 同❸，頁一八。
[36] 同❸，頁六一。
[37] 同❸，頁六一。
[38] 同❸，頁一六。
[39] 同❸，頁一八。

接著，談懷氏對教學課程的看法，其內容如下：（1）他認爲教學課程應該以生活內容作爲施教之題材。「我正極力想說的是消除扼殺我們現代課程的不相關致命之死教材。僅僅有一種可作爲教育的題材是具有生活內容。」即爲佐證。懷氏非常重視生活化的活知識。（2）課程要依照學生身心發展而編排：懷氏說：「課程問題不是題材的連續，因爲所有題材在本質上應該配合心靈發展爲起點。」❹（3）大學課程理論部分要與事實相接合：現舉懷氏三句來作證實：（a）「學生在大學中應該從普遍觀念開始，而且要學習把這些觀念應用到具體實例上。」❹（b）「一個良好有計畫的大學課程是研究如何處理普遍性（generality）。我並不是表示課程應該脫離具體事實而抽象，而是說應該研究具體事實作爲我們說明普遍觀念所適用的範圍。」❷（c）「大學教育之訓練著眼在於把理論旨趣與實際運用相銜接。」❸

（四）教育目的

現舉懷氏對教育目的看法如下：（1）「教育的整個目的在創造主動自發的智慧。」❹（2）「教育目的是思想與行動的結合。行動應該由思想來控制，思想應該從行動出發。」❹（3）「一般文化之設計在於培育心靈的活動。」❹（4）「文化是思想的活動，是美及人類情感的感受。這和零星的知識無關。純然博聞之人，是地球上最無用的產品。我們所當產生的，乃是既有文化，復於某一特殊方面專門知識的人。他們的專門知識將爲他們出發的據點，而他們的文化，則將引導他們達於

---

❹ 同❸，頁三九。

❹ 同❸，頁三八。

❷ 同❸，頁三八。

❸ 同❸，頁三八。

❹ 同❸，頁四八。

❹ 同❷，頁一八〇。

❹ 同❷，頁二三。

深入如哲學，崇高如藝術的境界。」❼ (5)「教育與文化有關，人要
透過教育成為文化人，教育是一種創造思想的活動，融合美及人類情
感的感受。」❽ 謝幼偉先生基於上述第四與第五兩點，認為懷氏教育
目的在於成就有文化，復有專門知識的人❾。其實，懷氏的教育是一
種知性革命，激發人性成為偉大的心靈創作，其教育目的在創造知性
所凝聚的生活智慧。

（五）教育理想

懷氏的教育理想是在於融合文藝文化、科學文化、技術文化為一
爐，構成為理想的文化教育，以便分享知性的成果、充實人生。可從
下列四點得知: (1)「無論如何，有三個主要道路，我們能够以進步
的美好希望來進行，邁向知性和品德的最佳平衡。那就是(a)文藝文
化之道，(b)科學文化之道，(c)技術文化之道。」❺(2)「藝術的使
用視為健全生活的條件，有如陽光普照大地。」❺ (3)「技術教育理
想是『工作是遊戲，遊戲是生活。』」❺(4)「技術教育之藝術價值應
該存在於學生享受文學之藝術觀，增進美的鑑賞活力，使生命活現活
用，享受人生。」❺ 由上所述，懷氏的教育理想可說是創造知性文化
的教育，享受知性的成果。此種知性的享受包括創造的享受與輕鬆的
享受，前者是要主動積極創造思想的內涵，後者是要表現服務熱誠與
享受工作之樂趣。

---

❼　同❷，頁一三。並參閱謝幼偉: 《懷黑德的哲學》，頁一三三，先知出
　　版社，民國六十三年十月初版。
❽　同❷，頁一八〇。
❾　同❼，謝幼偉: 《懷黑德的哲學》，頁一三八。
❺　同❷，頁六四。
❺　同❷，頁六七。
❺　同❷，頁五三。
❺　同❷，頁六六。

三、〈學記〉的教育觀

〈學記〉僅是《禮記》中之一篇，言簡意賅，內容精闢，共有一千二百二十四個字，其教育思想足與懷氏相媲美。何謂〈學記〉？鄭玄目錄云：「名曰學記者，以其記人學教之義。」❺❹〈學記〉中之「學」，從廣義來說，不僅包括學生之「學」，同時也包括師長之「教」，「學」與「教」相輔相成。人不僅「學然後教」，而且也要「教然後學」。學生的學業是由師長教育出來的。俗語說：「教不嚴，師之惰。」教之成果是從學生的學習態度之良好反應而來。學生與師長為教育過程之一體兩面，不可偏廢之。現從教育意義、教育方法、教材內容、教育目的與教育理想等項目來探討〈學記〉的教育觀，分述如下：

(一) 教育意義

〈學記〉與〈中庸〉兩篇都很注重做人之道，尤其〈學記〉認為做人之道是以禮為本，而禮是由學習而來，學習的過程是親師敬業。韓愈說師長具有「傳道、授業、解惑」之職責。〈學記〉主張「教」與「學」相長的教育之道。〈學記〉云：「玉不琢，不成器；人不學，不知道。」❺❺又云：「大學始教，皮弁祭菜，示敬道也。」❺❻《禮記正義》鄭玄《注》：「示敬道也者，崔氏云著皮弁祭菜疏，並是質素，示學者以謙敬之道矣。」❺❼〈學記〉強調人要以謙遜恭敬之心去學習「尊敬禮節」之道。因此，〈學記〉的教育意義是一種「知道」與敬「禮」的學習歷程。

(二) 教育方法

---

❺❹　參閱鄭玄注，孔穎達疏：《禮記正義》，頁六四八，藝文印書館。
❺❺　同❺❹，頁六四八。
❺❻　同❺❹，頁六五○。
❺❼　同❺❹，頁六五○。

〈學記〉的教育方法可分六點說明於下:

1. 注重預防: 〈學記〉曰: 「大學之法，禁於未發之謂豫；當其可之謂時。」⑱ 孔穎達《疏》: 「禁於未發之謂豫者。發，謂情慾發也。豫，逆也。十五以前情慾未發，則用意專一學業易入。爲敎之道，當逆防未發之前而敎之。故云禁於未發之謂豫。當其可之謂時者，可謂年二十之時，言人年至二十，德業已成，言受敎之端，是時最可也。」⑲ 〈學記〉認爲敎育要瞭解人之身心發展，未雨綢繆，防患於未然，一切合乎時宜，以免事態之惡化。它用禮來規範人之行爲。《大戴禮記·禮察篇》: 「凡人之知，能見已然，不能見將然。禮者，禁於將然之前；而法者，禁於已然之後。」⑳ 〈樂記〉:「禮節民，樂和民聲。」㉑ 禮具有化民成俗與預防於未發之功能。由此，〈學記〉的第一個敎育便是執禮而預防，順時而利導。

2. 注重適當的發問要領: 〈學記〉曰: 「善問者，如攻堅木，先其易者，後其節目。」㉒ 發問問題要注意先易後難，這與老子《道德經》所說「圖難於其易，爲大於其細」㉓ 道理是相通的。這說明敎育方法由淺入深去探究問題是一種要領，有如砍堅木，先從易處着手，才能收事半功倍之效。〈學記〉又云: 「善待問者如撞鐘，叩之以小者則小鳴，叩之以大者則大鳴，待其從容，然後盡其聲，不善答問者，反此。此皆進學之道。」㉔a這說明人該當問則問，不該當問則不問，同時該當問多則問多，該當問少則問少，有如敲鐘一樣，敲

⑱　同㉔，頁六五二。
⑲　同㊹，頁六五二。
⑳　同㊹，頁四一四。
㉑　同㊹，頁六六七。
㉒　同㊹，頁六五五。
㉓　參閱王弼注: 老子《道德經》，第六十三章。
㉔a 同㊹，頁六五五。

小則小鳴，敲大則大鳴。因此，師長回答問題要視時機而回答，學生適時而發問，如此善問者必會得到較大的效果。

3. 適當的處罰是必要：〈學記〉云：「夏、楚二物，收其威也。」❻鄭玄注：「夏，榎也；楚，荆也，二者所以撲。撻犯禮者收，謂收斂整齊之。威，威儀也。」❺〈學記〉所講究的教育方法是恩威並用，不要太討好學生。中國古代認為適當鞭打處罰是合理的。適當地訓導學生言行舉止，以便使其應對進退有所節制是必要的。反觀當今教育，必要使學生能夠學會「悔改」後所負起責任的美德。如此具有自治的自我教育之能力，才堪稱為真正之自由之義。但師長此種嚴厲，必須是適度，否則弄巧成拙。

4. 親自實際參與：學識是由實際經驗開始。〈學記〉曰：「雖有嘉肴，弗食，不知其旨也；雖有至道，弗學，不知其善也。是故學，然後知不足；教，然後知困。知不足，然後能自反也；知困，然後能自強也。」❻這說明教育要讓學生親自參與，從做中學，才能發揮「手腦並用、思想與行動結合」之功效。

5. 教與學要謙順虛心、誠敬：〈學記〉曰：「時觀而弗語，存其心也。」❻教育包括教與學的活動，師生雙方都要誠存於心，禮形於外，當學生要謙順向學，當教師要虛心觀察學生行為，見機而施教，不可操之過急而躐等。這與《易經》蒙卦六五象曰「童蒙之吉，順以巽也。」是不謀而合❻。

---

❻ 同❺，頁六五五。

❺ 同❺，頁六五〇。

❻ 同❺，頁六四八。

❻ 同❺，頁六五〇。

❻ 參閱孔穎達疏：《周易正義》，頁一二，廣文書局，民國六十一年八月再版。

6. 教學要注重觸類旁通，由潛移默化中實踐。〈學記〉曰：「良冶之子，必學為裘；良弓之子，必學為箕；始駕馬者反之，車在馬前。君子察於此三者，可以有去於學矣。」[69] 這說明人要時時學習舉一反三，鑑往知來，求新求變，不可墨守成規，食而不化。

(三) 教育內容

〈學記〉是以禮樂詩書為其施教內容。在一年四季中，春秋教以禮樂，多夏教以詩書。〈學記〉曰：「大學之教也時，教必有正業，退息必有居。學，不學操縵，不能安弦；不學博依，不能安詩；不學雜服，不能安禮；不興其藝，不能樂學。……兌命曰：敬孫務時敏，厥脩乃來。其此之謂乎。」[70] 這段話指出「操縵」[71] 與「安弦」是作樂之基本課業。如不會「操縵」與「安弦」就無法奏出美妙的樂聲來。如不學習譬喻用辭修飾之技巧，就無法寫出好詩[72]；如不學應對進退灑掃之禮儀，就無法行禮教。其中所謂「兌命曰：敬孫務時敏，厥脩乃來」是說《書經·兌命篇》談論高宗武丁恭敬謙順，勤勞好學，聘傅說為賢相兼為師長，由於傅說認真發揮輔君之才德，才能奠定了高宗盛世之治。詩、書、執禮，皆孔子所喜愛之學問。其功用如何？受《禮記》甚深的荀子在〈勸學篇〉很明確的指示：「書者，政事之紀也；詩者，中聲之所止也；禮者，法之大分，類之綱紀也。……禮之敬文也，樂之中和也，詩書之博也，春秋之微也，在天地之間者

---

[69] 同[54]，頁六五五。

[70] 同[54]，頁六五一。

[71] 同[54]，頁六五一。鄭玄注「操縵」為「調弦雜弄」之意。

[72] 同[54]，〈學記〉云：「宵雅肄三，官其始也。」其意是說，學習《詩經·小雅》中〈鹿鳴〉、〈四牡〉、〈皇皇者華〉三種詩，誘導學生泏官事上之道。例如〈鹿鳴〉詩：「幼幼鹿鳴，食野之苹。我有嘉賓，鼓瑟吹笙。吹笙鼓簧，承筐是將。人之好我，示我周行。」等。

畢矣。」❼ 可見禮之功能在於作爲人類行爲之行事規範準繩，樂在於調和人民之歌聲音樂，《書》在於記載國家君臣政治之功績德業，《詩》在於涵詠人之純正思想與性情。難怪孔子讚美說：「興於詩，立於禮，成於樂。」❼

（四）教育目的

〈學記〉認爲教育是一種教學互動的活動。「爲學」有「爲學」之條件，「爲師」有「爲師」之條件。爲學之條件在於立志向學。爲師之條件，不僅爲經師，而且更爲人師。〈學記〉說：「記問之學，不足以爲人師。」只是博聞強記而不會靈活運用的人，就不夠資格當人師。教師之功能在於教導人之倫理道德。〈學記〉剴切指示：「師無當於五服，五服弗得不親。」意思是說，雖然師長不是人之任何一種親屬，但是任何親屬之倫理關係不能不靠師長的諄諄教誨而知悉，可見師長在人倫關係中之地位。本人認爲〈學記〉的教育目的有兩點：(1) 長善救失 (2) 化民成良俗。分述如下：

（1）長善救失：其意是說發揚善良，遏止不良過失。〈學記〉指出爲學之四種過失：「學者有四失，教者必知之。人之學也，或失則多，或失則寡，或失則易，或失則止。此四者，心之莫同也。知其心，然後能救其失也。教也者，長善而救其失者也。」❼ 學習的第一過失是貪得無厭，不求甚解，第二過失是以偏蓋全，蔽於一方而不能達全，第三過失是學不專心，時時見異思遷，其效不彰，最後過失是固步自封，不求突破。這是學習的人常犯的過失。這四種過失之心

---

❼　參閱王忠林註譯：《荀子讀本》，頁五九，三民書局，民國六十三年一月修正版。

❼　參閱何晏注，宋・邢昺疏：《論語正義》，頁二三，廣文書局，民國六十一年八月再版。

❼　同❼，頁六五三。

態，爲師者必要知道，以便因材施教，提高學習效率。

（2）化民成良俗：即教化人民，養成良好習俗。〈學記〉曰：「君子如欲化民成俗，其必由學乎！」⑯又曰：「九年知類通達，強立而不反，謂之大成。夫然後足以化成易俗，近者說服，遠者懷之，此大學之道也。」⑰君子如果要教化人民，養成良好風範要從教育開始。在接受九年教育當中，能夠達到「觸類旁通、果斷剛毅、遵行師道」的境地，才算是學有專精，成就大器的人，如此才能使人民近悅遠懷。這就是〈學記〉的終極教育目的。

（五）教育理想

本人認爲〈學記〉的教育理想要達到下列兩點：（1）當師長者要眞正做到能當「人師」（2）學生要善繼師長之志向。現分述如下：

（1）師者要眞正做到能當「人師」：〈學記〉云：「君子既知教之由興，又知教之所由廢，然後可以爲人師也。」⑱這一段話指出要當人家的老師，必要知道教育成功的方法以及教育失敗的原因等兩大條件，始夠資格堪稱爲名符其實的師者。怎樣才是教育成功的方法呢？

〈學記〉提出下列看法：「大學之法，禁於未發之謂豫，當其可之謂時，不陵節而施之謂孫，相觀而善之謂摩。此四者，教之所由興也。」⑲〈學記〉認爲教育成功的方法有四：（一）在學生邪念未發生之前，用禮來規範，這叫做預防。（二）當學生在適當的學習期間，鼓勵他們學習，並加以適時的教導，這叫做合乎時宜。（三）依學生的學習能力大小而分別施教，決不越軌而濫教，這叫做本末有序。（四）使學生有機會彼此觀摩而相得益彰，這便叫做切磋琢磨。何謂教育失敗

---

⑯ 同⑭，頁六四八。

⑰ 同⑭，頁六四九。

⑱ 同⑭，頁六五三。

⑲ 同⑭，頁六五三。

的原因呢？〈學記〉說明如下：「發然後禁，則扞格而不勝；時過然後學，則勤苦而難成；雜施而不孫，則壞亂而不脩；獨學而無友，則孤陋而寡聞；燕朋逆其師；燕辟廢其學。此六者，教之所由廢也。」⑧ 〈學記〉提出教育失敗的原因有六點：（一）如果讓學生邪念產生行動之後，才加以禁止，則教育所發揮的作用就不大。（二）耽擱學生學習時期之後，才去教育他們，如此過時的學習很難有很大的成就。（三）不按進度與學生的能力而教學，則會徒增學生學習變成匱乏無味。（四）不讓學生彼此共同研討，則教出來的學生便會孤陋寡聞，一問三不知。這四點是針對上面所說教育成功的四點方法而言。

（五）結交不良朋友，會違背師訓，破壞為學之道。（六）不良的生活習慣，會使人墮落，荒廢課業。因此，能够領悟教育成功與失敗原因的師長，才是理想教育中的真正師長。

　　（2）學生要善繼師長之志向：求學必要先堅定志向。唯有立志向學，才能成大器。例如至聖先師的孔子便是一位人人尊敬的好學楷模：「吾十有五而志於學，三十而立，四十而不惑，五十而知天命，六十而耳順，七十而從心所欲而不踰矩。」⑧ 〈學記〉勗勉我們：「善歌者，使人繼其聲；善教，使人繼其志。其言也約而達，微而臧，罕譬而喻，可謂繼志矣。」⑧ 這說明善於教育的人，要使人好好地繼承他的偉大志願──「為天地立心，為生民立命，為往聖繼絕學，為萬世開太平」，以傳承孔周之聖道。這就是〈學記〉的終極教育理想。

四、比較兩者之異同並評述其優劣點

---

⑧　同⑭，頁六五二～六五三。

⑧　同⑭，頁七。

⑧　同⑭，頁六五三～六五四。

在本節中，分三方面（相似點、相異點、評述兩者優劣點）來說明，分述如下：

（一）相似點（異中求同）

本人提出六點來說明兩者之相似點，其要點於下：

（1）兩者都主張教材內容要翔實，不必求多，教學方法紮實，不必求速：（A）懷德海主張教材要少與教學要徹底之兩大教育戒律，其內容如下：「讓我們現在質問教育制度中，如何預防心靈枯萎。我們宣佈兩條教育戒律：一、不要教得太多，二、你所教的，要徹底。所用的教材不要變成為一些被動性而不相關的觀念，以免導致無法產生任何智慧火花之不良後果。引導孩童教育之主要觀念要『少』而且又『重要』（few and important），儘量讓孩童發揮組合的想像力，也讓孩童吸收消化它們，並轉化成他們自己所有，以便能在日常生活的各種情境中實際運用。」⑧③（B）〈學記〉的看法如下：「今之教者，呻其佔畢，多其訊，言及于數，進而不顧其安，使人不由其誠，教人不盡其材，其施之也悖，其求之也佛。」⑧④其意是說老師對教材內容不熟悉，嘴巴只唸著課本，並且找一些難題來考學生，又講不切實際的事物來表現他教得多，在教學時毫無熱心誠意，不管學生是否瞭解，也不考量學生的學習程度與能力，如此教法違背了教育原理，對學生的要求也不盡情理。這與懷氏的看法不謀而合。

（2）兩者皆主張適當的處罰是必要的：（A）懷德海認為適當的處罰在於激勵興趣。他的看法如下：「你可以努力藉著戒尺來激勵興趣。疼痛是一種喚起有機體採取行動的附屬方法，但不可太嚴厲。……在

---

⑧③　同❺④，頁一四。

⑧④　同❺④，頁六五一～六五二。

有關知識的活動中，過度強烈的規律對教育是有害的。」⑧⑤ (B) 〈學記〉也主張適度的處罰是必要的，其目的在於適當地訓導（意為有分寸、有力量）學生言行舉止，以符合禮節之規範。例如前面所提到「楚、夏，收其威」其用意在此。

　　(3) 兩者不僅看重「經師」，而且也很注重做為「人師」之可貴；(A) 懷德海的人格高尚，學養豐富，足堪為人人敬仰的人師。他提出教師之功能如下：「教師有雙重功能：一、從教師自己的人格對學生產生一種熱誠的共鳴。二、創造較廣濶的知識與較為穩定目標的學習環境。」⑧⑥「師長給予學生的主要力量是價值感與責任感。價值感最具有洞見的力量展現便是美感。」⑧⑦「美感是精神生活的最大因素。」⑧⑧ 可見懷氏非常注重美育之陶冶。(B) 〈學記〉非常注重「人師」，除了上述提過作為「人師」之條件以及不可為「人師」條件之外，它特別引用《書經·兌命》三篇（上、中、下），其目的在於記載高宗武丁對其臣下傅說之尊師重道，因此，人師在教育上是何等重要!

　　(4) 兩者皆認為教育要注意學生身心發展而施教：(A) 懷德海的看法如下：(a)「缺乏注意心靈成長節奏與個性是教育停滯、無用的來源。」⑧⑨(b)「邁向智慧的唯一通道是靠自由來展現知識，邁向知識的唯一通道是靠規律來獲得有秩序的事實。」⑨⓪ 懷氏認為教育要依照人的心靈發展之心理狀態而施教。人的心靈成長有其週期性，循環不已，懷氏稱之為節奏。懷氏把人的知性進展配合人的心靈發展而分為

----

⑧⑤　同❸，頁四二～四三。所謂戒尺 (birch rads) 是英國處罰學童用的樺枝條。

⑧⑥　同❸，頁五一。

⑧⑦　同❸，頁五一。

⑧⑧　同❸，頁五一。

⑧⑨　同❸，頁二九。

⑨⓪　同❸，頁四一。

三期: 1. 浪漫期　2. 精密期　3. 綜合期。在第一期爲孩童期,以小學爲代表,其特徵爲自由,讓孩童活潑地多看、多做, 從做中學,培養他們的潛力。「如果沒有浪漫期的探險,以最好來估計,你只獲得沒有原創性的惰性知識;如以最壞來估計,你就藐視觀念並無知識。」⑨¹ 而在精密期,以中學爲代表,正是人生身心發育最迅速時期,又稱爲暴風期,其特徵爲規律,用規律來陶冶學生,以正確的觀念來引導他們,使其心靈趨於成熟與安定,這才是走向成功之秘訣。到了第三期,大約爲大學期間,其特徵爲自由,注重研究,強調主動自發的運用知識,熔合想像與經驗爲一體,創造智慧,美化人生。 (B)〈學記〉提到「雜施而不孫,則壞亂而不脩」與「當其可之謂時」之看法,其意是說教育要依照人之身心發展而施教,才會有績效。如果不按進度與學習能力而教學,則會徒增學生困擾。

(5) 兩者皆注意比較法之使用: (A) 懷氏的看法如下: 「世界之整個理解在於藉著個別之認同與區別的過程而去分析事件。」⑨² 懷氏從認同(同)與區別(異)之比較法來分析事件,瞭解眞理。 (B)〈學記〉的看法如下: 「古之學者,比物醜類。鼓無當於五聲,五聲弗得不和;水無當於五色,五色弗得不章。」⑨³ 孔穎達疏: 「比物醜類者,旣明學者仍見舊事,又須以時事相比方也。物,事也。言古之學者,比方其事,以醜類謂,以同類之事相比方,則事學乃易成。」⑨⁴ 其意是說古代的學者,能够比較事物之異同而融會爲一類。其中「醜」字作「儔」或「融會爲一類」而言。譬如說,鼓與五音不同類,但鼓與五音之配合,譜出悠美的樂聲來,又如水與五色不同類,但把

---

⑨¹　同❸,頁四四。
⑨²　同❸,頁一三五。
⑨³　同❺❹,頁六五六。
⑨⁴　同❺❹,頁六五六。

水與五色調和均勻，就能畫出鮮麗繽紛的色彩來。可見善用比較法，可以產生無數多的知性智識。

（6）兩者都注重以人為主的生活價值：（A）懷德海以美育陶冶實際生活的情趣與價值感，例如他說：「我們的美感情操提供我們把握活生生的價值。」⑨（B）〈學記〉用禮樂詩書來教化人心，規範人的正當行為，着重德育之生活內涵，培養出高尚的情操。

（二）相異點（同中求異）

本人提出五點來比較兩者之不同，扼要說明如下：

（1）對師道之看法：懷德海與〈學記〉都很注重「尊師重道」，尤其是〈學記〉更為深入探討「尊師重道」與教化民俗之密切關係。〈學記〉上說：「凡學之道，嚴師為難。師嚴然後道尊，道尊然後民知敬學。」⑯這是懷氏未及〈學記〉之處。

（2）對知識着重不同：懷德海注重理性之功能，強調知性的知識，而〈學記〉較少對系統知識之論及，可是〈學記〉特別注重為學之歷程、敬學與知「道」之關係。

（3）對教與學之看法：懷德海認為「教」是指師長，「學」是指學生，教學是師生互動之關係，強調知性的生活教育，除課堂外，可在課餘時間相互交談，增進師生情誼與知識。懷氏的人文知識大半是從交談之中而獲得。〈學記〉認為教與學是一體之兩面，人可以一面學，一面教，教學互為相長。〈學記〉上說：「雖有至道，弗學，不知其善也。故學然後知不足，教然後知困。知不足，然後能自反也；知困，然後能自強也。故曰：教學相長。兌命曰：學學半。其此之謂

---

⑨　同❸，頁五一。
⑯　同❺❹，頁六五四。

乎。」❾❼ 其意是說人之學在於知善，學海無涯，學了才知道自己所知不足，然後自我檢討，以求改進。《書經・兌命篇》勗勉我們一面學，也可以一面教，教了別人才知道自己有很多地方不懂，然後奮發自強。因此，教別人可收到學習一半的裨益。這是懷氏未想到之處。

　　(4) 從教育特色來看：〈學記〉在教學過程中很注重「防」與「時中」，而懷德海較少談及，但懷氏的教育特色在於創造出連貫性的通觀與生活藝術化的文化教育，避免教育走入極端專業化的死巷中。這是懷氏對教育之莫大貢獻。

　　(5) 從教育分類來看：懷德海把教育詳細劃分為通才、專才與科學等三種，三者息息相關，構成很有組織內涵的文化教育。這確是懷氏獨到之處。而〈學記〉未像懷氏分得那麼精細，但較着重人格教育與師者在傳道中的獨特地位。例如〈學記〉上說：「故師也者，所以學為君也。是故擇師不可不慎也。記曰：三王四代唯其師。此之謂乎。」❾❽ 這表明〈學記〉很謹慎選用老師，其因在於師長與國家社會具有密切關係。

　　(三) 評　　價

　　1. 對懷德海的教育觀評價

　　懷德海的教育觀為一種知性教育，注重想像力與經驗融合，講究連貫、創造與應用，以實際經驗作為他立論之根基。現提出五點優點來加以說明，分述於下：

　　(1) 指出大學教育在整個教育中之獨特地位：懷氏對大學教育的看法：(a)「大學所賦與的知識要具有想像力，像詩人般具有活力，富於變化。想像不是脫離事實，想像是一種照明事實的方法，卽是把

---

❾❼　同❺❹，頁六四八。

❾❽　同❺❹，頁六五四。

普遍原理應用到事實上，而且經由知性的探索，提出合乎原理的適當解決方法。」❾❾ (b)「大學機構的整個藝術是以想像力來照明的學習機構。這是大學問題中的問題。」⑩⓪ (c)「有學問和有想像力的生活是一種生活方式，而不是一種商業用品。」⑩① (d)「大學的任務是把孩童的知識轉化爲成人的知識力量。」⑩② 從上述四句話，可看出懷氏教育很重視大學教育對社會之影響力。

(2) 強調大學各科系間的連貫性：我們可從 Felix Frankfurter 於一九四八年在美國紐約時報所刊登的一封信中看出懷氏卓越的見地：「大學存在著嚴重缺乏知性生活，迄今已是一件老生常談之事。它們之所以不適當的主要來源可能是由於科系分門別類太細所致。不僅在學生中，而且在教師中，都存在著一種趨勢，認爲課程就是表示存於自然界中的事物。懷德海教授對打破大學各種不同科系之分離提出強而有力的影響。懷德海在一九二四年來到美國哈佛大學，他瞭解並融合各科系間的相攝相依關係，此種觀念已迅速影響當時各大學。他不相信把課程或講義視爲代表自然界中的事物之一種封密系統，因爲此種系統限制人的創造洞見之可能性與實際經驗內容。他嚴厲地批判；並期望人要服從『精確』之觀念與盡責之思想。」⑩③ 從這一段話可看出懷氏針對當時美國大學教育所發出的獅子吼，啟聾振聵，確爲教育上一大創見。

(3) 注重獨立純正思考 (unbiased thought)：現舉懷氏看法如下：(a)「你必須自由地思考『對』與『錯』，你必須自由地鑑賞宇

---

❾❾　同❸，頁九七。
⑩⓪　同❸，頁一〇一。
⑩①　同❸，頁一〇二。
⑩②　同❸，頁三九。
⑩③　同❸，Preface.

宙的變化而不要受危險困擾。」❿ (b)「評鑑一機構（大學機構）的良好普遍有效性在於它對思考所產生的配額（Quota）而定。 這種配額是用思想的重要性來評估，而不是用字數的多寡來評估。」❿ (c)「我們必須使我們的制度開放。」❿ (d) 徹底理解整個個人與世界的秩序，這就是精神的自由，也是最高的生活目標。」❿ 懷氏是非常注重啟發式教學與不偏不倚的思考，開潤心靈，提昇生活素質，很合乎教育原理。

(4) 注重訓練與理解的培養：(a)「眞正有用的訓練是產生一種對一般原理之通觀，並且把它們應用到具體事物的變化方式之中。」❿ (b)「重要產生興趣。興趣導入區別。」❿ (c)「理解始終包括組合概念。」❿ (d)「理解是對整體中的宇宙之完美把握。」❿ (e)「哲學性的理解目的在於戳穿盲目的活動，進而發揮超越性的功能。」❿ 訓練有利於理解，理解在於活化經驗，把握整體性之完美和諧。

(5) 注重美感的鑑賞力與提高生活藝術：(a)「哲學近乎詩，而且兩者都追求表達我們稱爲文明的終極良知。」❿(b)「依生活藝術來看，我表示最具有完全成就的富有變化之活動在面對現實環境中，表達那活生生的潛能，這種成就的完成包含著藝術感。科學、藝術、宗敎與道德是從人的內在價值感出發。每一個體具有存在的特徵。生

---

❿　同❸，頁九八。
❿　同❸，頁一〇四。
❿　同❸，頁八。
❿　同❸，頁八。
❿　同❸，頁三八。
❿　同❸，頁四五。
❿　同❸，頁六三。
❿　同❸，頁五九。
❿　同❸，頁二三二。
❿　同❸，Preface.

活藝術是引導這種探險。」⑭ (c) 「生活特性是絕對的生活享受並創造活動與目的。這裏所謂『目的』明顯地包括純粹理想之攝受，以致於引導創造性的過程。」⑮ (d) 「詩本身與韻律有關。」⑯ 美感具有目的性與永恒性。懷氏重視由美的和諧來探究宇宙事實與生活藝術的價值性。

至於缺點，本人提出兩點加以說明，敍述於下：

(1) 懷德海的教育觀很注重創造性的教育，但創造性的思考不是人人皆能達成。懷氏對其運用範圍之極限並未明確談及。筆者認爲懷氏的創造性思考較著重理性的功能，對於技藝方面的創造力如美術、音樂、雕刻不是容易培養出來，而且美術、音樂與雕刻等藝術才能的創造力不同於數學的創造力。此兩者之間並無必然的學習遷移關係。霍姆斯 (Henry W. Holmes) 也在其〈懷德海教育觀〉一文中對懷氏的創造力觀念提出批評：「懷德海沒弄明白的地方便是對於遲鈍心靈與動作緩慢的身體之教育要作出創造能力遭遇很大的困難。」⑰因此，創造力可由訓練與理解來啟發與引導，但不是每個人都能做到。

(2) 懷德海注重「有關連」才要教，但未考慮「無關連」也可以教。懷氏說：「除非二次方程式適合於相關連的課程，否則當然沒有理由教孩童任何事情。」⑱ 從這一句話可看出懷氏非常注意關連性在學習上之重要。關連性與應用有關，它可產生創造力，但無關連、無

---

⑭ 同❸, Preface.

⑮ 同❸，頁二〇八。

⑯ 同❸，頁二三八。

⑰ 參閱 Henry W. Holmes, "Whitehead's Views on Education" 一文收集在 Paul Arthur Schilpp 編集的 *The Philosophy of Alfred North Whitehead*, p. 637, N.Y.: Tudor Publishing Company.

⑱ 同❶，頁一九。

應用的理論也可以學習。雖然它們目前用不著，也許將來有一天有人發現它們很有用，並與其他事物有關連。因此，筆者認爲無關連也要教。例如當年萊布尼茲發現二進位時，當時的人認爲他只是在玩數學體操（沒有什麼價值，只是機械操作），可是後來的人由二進位發展成爲電腦的基本概念。

2. 對〈學記〉的教育觀評價

本人對〈學記〉的優點提出下列五點，分述說明於下：

(1) 注重師長的威嚴與尊嚴：〈學記〉說：「凡學之道，嚴師爲難。師嚴，然後道尊；道尊，然後民知敬學。」⑲孔穎達《疏》：「此一節論師德至善，雖天子以下必須尊師。」⑳老師過度與學生打成一片，學生反而會不尊敬老師。因此，我認爲親近學生，要保持一定的距離，在慈愛中保持一種尊嚴，如此的「道」才能受到尊重。

(2) 教與學相輔相長：〈學記〉云：「相觀而善之謂摩。」㉑學與教爲一體之兩面。學問應當相互觀摩、集思廣益，不可閉門造車、胡猜亂想。

(3) 教學要合乎時中：〈學記〉云：「時過然後學，則勤苦而難成。㉒」又云：「時觀而弗語，存其心也。」㉓孔穎達《疏》：「時觀謂教者，時時觀之而叮嚀告語所以然者，欲使學者存其心也，既不告語，學者則心憤憤，口悱悱，然後啟之，學者則存其心也。」㉔其意是說如果錯過學習時間，才要學習，那麼，學習起來必定會憂憂乎

---

⑲ 同㊹，頁六五四。

⑳ 同㊹，頁六五四。

㉑ 同㊹，頁六五七。

㉒ 同㊹，頁六五一。

㉓ 同㊹，頁六五一。

㉔ 同㊹，頁六五一。「憤」指「心求通而未得」，而「悱」指「口欲言而未能」的意思。

其難矣，同時教師在教導時，時常觀察學生的反應，隨時變通調整，不可過分強求學生，應該讓學生的學習動機出乎純正，適時適中啟發他們，以便達到不偏不倚的教學原則。

（4）強調務本踏實：〈學記〉云：「三王之祭川也，皆先河而後海，或源也，或委也，此之謂務本。」⑫其意是說務本是做學問的根本，因此，培養學生立志向學是根本之道。例如孔子從小就立志向學（吾十有五而志於學），「學不厭，教不倦」，才成為人人尊敬的至聖先師。

（5）〈學記〉注重「禮」，以「禮」來規範人之行為，使人人都能生活於有條有理的禮儀規範中，以促進社會安寧與和諧。這就是〈學記〉所謂由「敬禮」進而「學道」的為學歷程，也是〈學記〉的教育核心課題。

〈學記〉內容很完美，合乎教育原理，至於缺點方面，目前尚未發現，本人稱之為零缺點。

五、結論：對當今教育之觀念

教育為良心事業。本人對當今教育提出六點觀感：

（1）現代教育缺失之一為不尊敬師長，連打招呼都捨不得。筆者認為它是因為太過於強烈自由的濫用所致。今後教育要加強「尊師」美德之培育。因為能夠尊師，然後才能重道。〈學記〉曰：「道尊，然後民知敬學。」⑫可見「尊師」在教育過程中實有其不可磨滅的價值。

（2）現代教育缺失之二為太討好學生，促使教育不平衡發展。因

---

⑫　同⑭，頁六五六。
⑫　同⑭，頁六五四。

此，我們不要把學生寵壞，應該適時教導他們，而處罰是有其存在之必要，但要講究技巧，以防「弄巧成拙」。本人認為處罰在某些時候，對某些人有其存在價值，依人而定，不是每個人都需要處罰。處罰目的在使學生知過能悔改、負起責任、實現知行合一之功效。

（3）培養學生負責任態度：我們應該教育學生做了錯事，要對所做的錯事負責，而不只是讓他口中說說「有錯」就算了。因為學生犯錯，在學校中，師長可以原諒他，但等他到社會上做事時，如做了錯事，社會不一定會原諒他。同時，學校教育也不要太過於理想化。因為太理想化，很不容易適應社會需要。因此，我認為現今教師不僅要當經師，更要當人師，諄諄善誘，教導他們如何去適應目前錯綜複雜的社會環境，使學生真正成為社會的主人翁。這是當今教育應該努力的方針。

（4）教育不是萬能，但教育是有用的：懷德海的看法如下：教育一定包括理解，理解是有用的，因此，教育是有用的。他以美感教育來促使學生對人生充滿熱誠希望、樂觀進取。這是現今教育要努力發揮的教育價值。

（5）要注重學生學習過程與方法：我們要多教導學生如何思考問題，如何解決問題的方法，指示學生在學習中的創造歷程，不要只完全著重結果的對與錯而已。譬如說，有一位學生肚子餓了，其解決的方法是不僅提供他吃的食物，而且要告訴他如何用正確方法獲取食物的方法，假定給他魚吃，就順便告訴他如何捕魚之方法。因為懂得如何去捕魚才是最重要的教育鑰匙（key）。

（6）師長要以身作則，作為學生的良好楷模，並多與學生接近，瞭解學生：懷德海說：「優良教師不僅在於良好著作出版，而且需要在課堂，或個人討論中與學生作直接交談。如此的人才具有巨大的影

響力，如蘇格拉底。」㉗ 其意值得耐人玩味其中之三昧。

主要參考書目：

一、懷德海原著

1. *The Aims of Education and Other Essays*, 4th ed., N.Y.: The Macmillan Co., 1953.

2. *Science and Philosophy*, 1st ed., N.Y.: Philosophical Library, 1948.

3. *Modes of Tought*, 1st ed., New York: The Free Press, 1968.

4. *The Function of Reason*, 1st ed., Taipei: Rainbow-Bridge Book Co., 1967.

5. *Religion in the Making*, 3rd ed., N.Y.: The Macmillan Publishing Co., Inc., 1963.

6. *Advantures of Ideas*, 2nd ed., N.Y.: Mentor Books, 1958.

7. *Process and Reality*, Corrected ed., edited by David Ray Griffin and Donald W. Sherburne, 1st ed., N.Y.: The Free Press, 1979.

8. *Science and the Modern World*, 1st ed., N.Y.: The Free Press, 1967.

二、英文參考書目

1. Odin, Steve: *Process Metaphysics and Hua-Yen Buddhism*, 1st ed., N.Y.: State University of New York Press, 1982.

2. Price, Lucien: *Dialogues of Alfred North Whitehead*, 1st ed., Boston: Little, Blown Co., 1955.

㉗　同❸，頁一〇三。

三、中文參考書目與報刊

1. 鄭玄注　孔穎達疏：《禮記正義》，藝文印書館，　民國四十四年四月初版。

2. 王弼注　孔穎達疏：《周易正義》，廣文書局，　民國六十一年八月再版。

3. 何晏注　宋·邢昺疏：《論語正義》，廣文書局，　民國六十一年八月再版。

4. 漢·孔安國傳　唐·孔穎達疏：《尚書正義》，廣文書局，　民國六十一年八月再版。

5. 漢·趙岐注　宋·孫奭撰：《孟子正義》，廣文書局，　民國六十一年八月再版。

6. 漢·鄭玄箋：《毛詩鄭箋》，新興書局，　民國四十八年一月初版。

7. 謝幼偉著：《懷黑德的哲學》，先知出版社，　民國六十三年十月初版。

8. 沈清松著：《現代哲學論衡》，黎明文化事業公司，　民國七十四年八月初版。

9. 朱建民編譯：《懷德海》，允晨文化實業股份有限公司，　民國七十一年十一月初版。

10. 傅佩榮撰：〈學校教育理想何在？〉，中國時報，　民國七十七年二月十四日。

懷德海的上帝觀對傳統神學的貢獻

蘇 景 星

懷德海 (Alfred North Whitehead, 1861-1947)的歷程哲學確信時間和歷程是所有實在界的組成元素。經驗對吾人顯示，實在界不是由靜態的、分離的 (static, discrete) 物有 (entities) 所組成，此宇宙是動態的、機體的和社會的 (dynamic, organic, social)，對任何事物吾人不能簡單地定位 (simple location)。這個世界是一創化的歷程。甚而，這種歷程是相互關連 (interrelated) 和相互依賴 (inter-dependent) 社會的運作。許多物有組成一社會，在其間彼此付出和接受，許多的物有和事件 (events) 一起生長成為一複雜的統一，這種世界歷程，懷德海稱為共同創生 (concrescence)。

組成這世界歷程的有四個要素。第一個要素是創造(creativity)。藉之，世界朝創新 (novelty) 或新的存有模型 (new modes of being) 前進。但是，創造並不是物有，創造本身必須藉第二要素才能成為真際 (real)。這第二個要素就是現實物有 (actual entities)。它是組成世界的最終之物 (the final things)。然而，這現實物有是複雜又相互依賴的。它們攝取過去 (prehend the past) 而現實它們特有的主觀形式 (subjective form)，最終它們也要趨向滅亡 (eventually perish)，屆時它們就變成其他物有的客觀與料 (objective datum)。

此世界的歷程是有秩序地運作，因此懷德海又提出第三個要素永

恒對象 (eternal object) 來解釋。永恒對象或稱之爲純粹潛能 (pure potentials)。它是所有現實物有的模型 (patterns)、結構(structures) 和價值 (value)。它們是物有，但卻以潛能的模式 (mode) 存在。它 促使現實物有導致全然地實現 (actualization)。

依懷德海的思想體系，宇宙的歷程還須要第四個要素，卽永無止 境的現實物有——上帝。上帝是現實物有之一，在整個廣大的空間只 是一微不足道的 (tririal puff) 的存在。但是，上帝卻不同於其他物 有，祂是永無止境和不被朽毀的。是上帝使得永恒對象實現，也使 得永恒對象攝入有次序的生成歷程 (ordered process of becoming) 成爲可能。上帝也提供每個物有最開始 (intial) 的目標和被視爲關連 的原則 (the principle of relevance)。

本文僅就組成懷德海世界歷程的第四個要素：上帝，略加說明。

一、上帝的兩極性

上帝有精神極 (mental pole)，卽上帝的根源性 (primordial nature)。 它是宇宙最起源的事實， 但缺乏現實， 而且是無意識和非 人格的。懷德海說：「上帝本性的一個側面是由祂的概念經驗構成的。 這種經驗是宇宙中的根本事實，不受它所假定的現實所限制。因此它 是無限的，沒有一切消極的攝受。祂這一側面的本性是自由的、 完 全的、 根本的、 永恒的、 在現實上是不完滿的， 亦無意識的。」❶ 懷氏避免了亞里斯多德以宇宙的根源爲不動的推動者 (the unmoved mover)，他提出上帝還有物理極 (physical pole)，卽上帝的後繼性 (consequent nature) 他說：「上帝本性的另一側面是從暫時世界的

---

❶ *Process and Reality*, p. 524.

物理經驗生起，因此需要與根本的側面統合。它是被決定的、不完全的、後繼的、永無止盡的，在現實上是充分的，且具有意識。」❷

　　上帝的後繼性使得祂不斷地從曹時世界中攝入新的與料，因此祂經常處於生成的歷程中，上帝和世界因而組成一相互依存的社會。在懷德海的萬有在神論（panentheism）中，不僅僅是上帝介入創造，創造的推進需要上帝和世界的相互依存才可能。對懷德海而言，與其說上帝是創造主，更好說上帝是世界的救贖主"savior"。當所有的有限物有毀滅之後，他們提供了上帝新的攝受經驗而組成祂的後繼性。而上帝從現實物有所得到的將永不褪色或消失。因此，所有朽毀之物有在上帝中獲致某種客觀的不朽。反之，上帝尋找有價值之事物施與這個世界，祂提供物有一個新的、理想的創造推進可能性的異象。

　　由上帝的兩極性，懷德海說：「上帝創造世界是眞的，就如同說世界創造上帝是眞的。」❸。簡言之，上帝不僅影響世界，世界也影響上帝；上帝與世界是相互依存的，沒有一個能够完全單獨存在。一方面上帝影響世界。現實世界中的現實物有的個體性，依靠上帝提供主觀目標。而已經消逝的過去得以存於現在，其因果的對象化亦以上帝爲根據。由此可知，上帝的存在不僅使得現實物有的「秩序」成爲可能，更使得現實物有的連續性成爲可能。上帝的根源性乃是對所有可能性的觀照，因此，也提供觀念上的可能性給創新的經驗統一體。經驗的統一依靠其主觀目標，而主觀目標又依靠上帝，因此它的確定性乃是依靠於上帝。

　　但是上帝對世界的影響並不是強制的束縛。懷德海的上帝並不是傳統有神論的全能。他與世界的關係是勸服而非強制。有限的受造物

---

❷　*Process and Reality*, p. 524.

❸　同上。

可以自由地放棄，反對上帝所提供的理想。懷氏認爲基督教的神觀如以亞里斯多德的不動的推動者來比擬，就走了岔路。基督徒的上帝因此就變爲宇宙的暴君，其擁有無法牽制的權力、對宇宙萬物則毫無感情。懷德海說：「這種上帝的形像就是埃及、波斯和羅馬帝國統治者的形像……教會賦於上帝的屬性是專屬於凱撒的。」❹ 如果上帝是宇宙的暴君，則上帝要對宇宙所發生的任何事情皆要負責。這就造成了兩難局面 (dilemma)。上帝是全善的但不是全能的？（因爲世界上有許多的惡上帝無能去處理）或上帝是全能的但不是全善的？（因爲全能的上帝不願意去處理既存的惡）

傳統神觀所謂的全能，使得愛變爲無意義。眞正的愛需要眞正自由的回應，而不是被壓迫強制的反應。因此基督教堅持人類自由的事實，上帝在人類歷史中的運作，必須被了解爲愛心的勸誘而非暴力的強迫。懷德海強調上帝的後繼性，提供世界自由回應上帝的可能性，現實物有得以自由參與創造之中。上帝不會迫使任何一個人類心靈去接受一個特定的可能性。上帝確保可能性可被其他個體使用。祂所採的方式是說服與勸誘 (persuasion)，因爲上帝是至極 (supreme) 的現實、美善和最富吸引力的存有❺。除非勸誘或吸引力直接或間接的運作，否則無論是地上或天堂，皆無所謂的「能力」(power)。我們對別人的心靈有「能力」，是由於他們在我們的思想或情感發現價值。上帝藉著祂對眞、善、美的觀照，將這些價值擺在人們眼前，引導或勸誘人們趨向更高的價值。但是，祂並不強迫推行祂的意志。每個物有皆有可選擇他自己的道路。上帝不是一個創造宇宙萬物而後控制之的超越能力。如果人們不願跟隨祂的指引，祂的引導亦無用武之地。

---

❹ *Process and Reality*, p. 520.
❺ *Philosophers Speak of God*, p. 274.

因此上帝可以說是溫柔而有耐心的詩人。我們利用詩人（上帝）美善的靈感，我們塑造了自己。在此，上帝和人們皆為相同的美善理想服務，人們瞥見上帝的本質，而上帝則清晰地洞見此相同的本質。因此，懷德海證明了那古老的兩難局面只是表面的❻。

二、上帝的溫柔關愛

唯有在以上的背景中，我們才能合法談到上帝的能力。他說：「上帝的能力卽在於祂啟發人去崇拜祂。」❼當然，皈依上帝並不是為自己尋求安全的庇護，而是在精神領域中探險冒險。他說：「祂（上帝）是世界的詩人，以祂對眞、善、美的觀照溫柔耐心地引導世界。」❽因此，凡願意接受引導的人，就必須在眞、善、美的精神領域中冒險，接受挑戰。

如此的愛，使我們面對無限的可能性，這種愛不是一帖鎮靜劑，而是一種良性的刺激。上帝的愛會和道德的公正性相調和。在個體終極的目的來說，吾人可以把嚴格的道德律以及狹隘的道德規則放在一旁，但必須直接把握道德善的眞精神。

懷德海認為上帝對世界溫柔的愛，乃在祂與其他個體的聯合，祂保存其他個體所忽略與喪失的。人類經驗的時段是短暫的，內容是有限的。人類的記憶是不完整的，其選擇亦非總是明智的。如果人類經驗全都是這樣，則許多偉大的價值會永遠喪失。宗教的一個基本洞見是，某些正面的價值是不會喪失的，它們由上帝加以保存。當個體經驗消逝時，價值保存在上帝的經驗中。在上帝經驗豐富的複雜性中，

---

❻ *Philosophers Speak of God*, p. 277.
❼ *Science and the Modern World*, p. 276.
❽ *Process and Reality*, p. 526.

由祂獨具一格的行為模式加以誘導，可以獲得既存價值的和諧化。但是，我們必須注意，上帝並不保存所有有價值的東西。祂溫柔的關愛使得所有可以保存的不致喪失，在時間的流逝中，亦會排除一些。有如耶穌失去一個門徒，雖然許多人願意作祂的門徒，卻未被接受，因為祂要成就最高的美善。

上帝對現實物有所提供的資料，或是接受，或是排斥，如此，藉著這種對其他現實物有的反應，上帝對其他個體的世界加以審判。在此意義下，「最後的審判」隨時都在我們身邊發生，它不是個遙不可及的事件。每一個當前的時刻都是重要的，因為上帝的評價發生在每一個時刻。上帝的後繼性就是祂對世界的審判❾。他說：「生命的深度需要一連串的選擇。」❿ 選擇成就了一些價值，同時也喪失了一些價值。 選擇的過程是上帝和其他所有現實物有的共同特色。 上帝的選擇所關切的主要是正面價值，但祂也不忽略掉負面價值——諸如罪惡、痛苦、苦難。也就是說，上帝就這個世界本身如實地經驗它。祂的知覺是實在的。

由此，懷德海認為上帝陪伴人類一起經歷苦難。耶穌自己道成肉身 (incarnation)，神變為人，經歷人性的哀傷、痛苦與罪惡，否則只是外在地同情，無法完全領會。上帝從其他個體接受資料，只要是重要的， 祂就接受， 不管是善是惡， 或是苦是樂。上帝悲憫地感受罪惡，但是以祂生命的智慧，終極地察看罪惡，使用罪惡，作為達到善的手段（上帝將人類最大的罪惡——把無罪的耶穌釘在十字架，轉化為對人類而言最大的善——救贖的完成）。上帝並不否認罪惡的野蠻本質，祂面對它並為了最高的善而使用它。上帝以祂自己的本性戰勝

❾ *Process and Reality*, p. 525.
❿ 同上，p. 517.

罪惡，就此而論，卽使花了很大的代價忍受苦難，但是經由英雄式奮鬥的成功，祂已經驗到崇高的快樂。這種快樂當然不是肉體的快樂，而是一種至高無上精神的幸福和平安。上帝的善不是一種靜態的完美，而是神性奮鬥的成果。

懷氏說：「世界是藉著上帝自身的道成肉身而生存。」⑪又說：「離開祂，就沒有世界，因爲卽無個體性的調適。」⑫上帝的道成肉身表示祂動態地關懷此世界，展現神性的奮鬥。

懷德海說：「祂不是這世界，但卻是這世界的價值。」⑬祂（上帝）就是整個世界（包括人類）存在的理由，但上帝本身卻無任何理由可以去解釋，祂是宇宙的終極因素，其他的因素必須以上帝去解釋。因此上帝是「終極的非理性」。但若沒有上帝這樣的存有，則一切的價值，包括文明輝煌的性質——和平，將無法達成。和平這種心態乃是來自於下述信念——相信「美好」保存在萬物的本性中，而且只有上帝能保存之。上帝以祂溫柔的耐心與關愛構想文明的理想，更以至高無上的方式表明它們能够表現在個體的生命中。而這文明的保持，又端賴人們是否自由，適中地回應上帝的美善理想。

基督教傳統的神觀，把上帝視爲絕對的圓滿是吾人無法企及的。而上帝之所以是絕對的圓滿、吾人無法企及的，是由於上帝是不改變的、獨立自足的，如果上帝也會改變、需要依賴其他的存有，則是不圓滿的。這種思想顯然是受到亞里斯多德—多瑪斯學派的影響，將上帝和世界隔開，或者說，世界必須依賴上帝而存在，上帝不必眞實地關聯於世界。

---

⑪ *Religion in the Making*, p. 156.
⑫ *Religion in the Making*, p. 158.
⑬ 同上，p. 159.

　　但由懷德海所開展出來的歷程神學卻反對這種的上帝觀。懷氏認為上帝與世界是相互依賴的， 也是相互預設的。 其嫡傳弟子哈茨宏 (Charles Hartshorne, 1897-) 也主張上帝有其抽象、絕對側面和具體、 相對側面， 此類似懷氏所說的根源性和後繼性。 以後的歷程神學家都強調上帝與世界的互動關係，只是各人強調的方向不同。歐登 (Ogden) 認為上帝與世界的關係， 正像我們和我們的身體的關係。司多克斯 (Stokes) 研究人類的自由， 主張上帝與世界是互為人格的 (interpersonal) 關係。柯比 （Cobb） 以人類的記憶類比為上帝的思想。 以上三位學者均以人類的經驗來了解上帝。 而但以理·威廉遜 (Daniel William) 則認為，既然傳統的神觀視人為上帝的肖像，人是按照上帝的形像造的，那麼上帝本性的一個側面也必然是有時段性的 (temporal)，因為人類的存有就是具有時段性的。

　　這些歷程的神學家們認為，懷氏的上帝觀才真正表現了基督教啟示的神觀。歷程的上帝才更接近基督徒的經驗和《聖經》的見證。希臘哲學的神是無時間的絕對者。但基督徒的上帝是會關懷世界的，祂參與世界的苦難和悲劇。上帝最具深度的實在，不在於祂的超然和力量，而是在祂的愛中。歷程的上帝不是靜態的絕對者和無所不能的暴君，而是藉耶穌基督顯示出來的、具說服性的愛的上帝。

　　過去，奧古斯丁採用柏拉圖思想，多瑪斯則採用亞里斯多德思想來詮釋基督教的信息。但奧古斯丁和多瑪斯皆非常清楚地認識，希臘哲學並不是完全地與基督教的洞見調和，因此雙方衝突時，他們會採用基督教的立場而揚棄希臘哲學。但現在的情形正好相反，這些歷程神學家遇到懷德海哲學與傳統基督教思想衝突時，他們卻寧願走懷氏的路線。這種情形最明顯之處在上帝的根源性表現出來，懷氏沒有特別強調上帝的超越性，上帝不是在創造以前，而是伴隨著創造。世界

的本性是上帝的根本與料。上帝和世界這兩個現實不能被撕裂分開，
他們彼此全然地互相攝受⓮。懷氏認為：

> 說上帝是不變的、世界是變動是真的，就如同說世界是不變的、
> 上帝是變動的是真的。
>
> 說上帝是單一而世界是諸多是真的，就如同說世界是單一而上帝
> 是諸多是真的。比諸世界，說上帝是卓越的現實是真的，就如同
> 比諸上帝，說世界是卓越的現實是真的。
>
> 說世界內在於上帝是真的，
>
> 就如同說上帝內在於世界是真的。說上帝超越世界是真的，就如
> 同說世界超越上帝是真的。
>
> 說上帝創造世界是真的，就如同說世界創造上帝是真的⓯。

上帝和世界是對比的對生 (contrasted opposition)，兩者皆在創
造中達到其極峯。

懷德海的上帝觀對傳統神學的可能貢獻是什麼？

傳統神學的問題是：上帝是一或多？上帝是內在的或超越的？上
帝是有時間性的或永恒的？上帝的預定與人的自由衝突嗎？上帝是全
能又全善的嗎？

由上文略述懷德海的上帝觀中，他以上帝的兩極性和上帝對世界
溫柔的愛來回答以上的問題。

上帝是現實物有，所以祂是一；但是具有許多作用，故亦可說是
多。上帝對其他個體提供資料，並由其他個體接受資料，就此而言，
上帝是內在。可是上帝也是超越的，因為祂默觀各種可能性，祂所
默觀的許多可能性還沒有實現於經驗中，而且其中有一些永遠無法實

⓮ *Process and Reality*, p. 529.
⓯ *Process and Reality*, p. 528.

現，　而且上帝此一現實物有是永無止盡不被朽滅的，　與其他個體不同，故祂是超越的。上帝有變化、有發展，一直在創造內展現創新，如此上帝是有時間性的；但祂默觀永恒的可能性，而且祂的生命永遠不會消逝，則祂又是永恒的。上帝對可能性領域的構想並不受到任何外在的限制，就此而言，祂是自由的。上帝提供真善美「引誘」人們去追尋，但不強制人，故人是自由的，上帝本身是所有價值的提供者和維持者，又可說上帝是預定的。但上帝也有所限制，因為祂的存有部份地依靠其他個體的活動。上帝當然是善的，但是祂悲憫地如實地經驗人間的罪惡，而且祂的善不是一種靜態的完美。上帝的全能不是一般傳統的「全能」，因為祂雖然默觀一切的可能性，可是祂對實際個體的知識則是有限的，因為祂並不能預先知道個體將會做什麼❶。

　　這種動態的宇宙觀，　使基督教的信息更符合現代人的經驗和科學。懷德海的歷程哲學和德日進神父所引發的歷程神學，正蓬勃地發展，雖然有些人批評歷程神學沒有適切地反映上帝的超越性和能力，以及上帝在人類歷史做主的角色❶。但是這種初態的、同情的上帝才是基督教啟示的上帝，祂道成肉身在人類歷史中，在溫柔的愛中彰顯祂自己，這樣的耶穌是更願意住在動態的、相關的、創新的歷程思想中，而不願意在死寂的固定的本體世界中。

　　中國儒家哲學講「天人合一」，道家說：「天地與我並生，而萬物與我為一」，大乘佛學華嚴宗倡：「一即一切，一切即一」，這種宇宙萬物相互交感的宇宙觀，與懷德海的上帝觀有異曲同工之妙。一九七四年十一月，加州的「歷程研究中心」曾與夏威夷大學哲學系、

❶　朱建民編譯：《現代形上學祭酒——懷德海》，臺北：允晨文化公司，七十一年初版，頁二三二。

❶　*Process Theology*, New York: Ewert H. Cousins Newman Press, p. 15.

宗教系合作，召開「大乘佛學與懷德海哲學」研討會。一九七六年四月，又召開「中國哲學與懷德海」。懷德海的歷程哲學又以上帝與世界的關係來總攝其思想，因此更值得關心基督教本色化、本土化的有心人去研究，使眞能彰顯基督教的上帝觀與中國哲學碰面，相互含攝。一般來說，西方的上帝觀是以猶太基督教的神觀爲其主基，因此當我們談到西方是天人相隔時，基督教的上帝，無形中就背負起責任。但懷德海提醒我們，除了把上帝塑造成爲「帝國的統治者、人格化的道德力量和終極的哲學原理」外，我們似乎忘了加利利人耶穌的謙遜異像，祂就是天人合一的具體展現，是上帝的道成肉身，但談到這裏又似已超離理性所能把握的，只能去直觀得之。上帝、世界、耶穌俱在創造的終極範疇中。這種開放，生生不已，能詮釋人類宇宙全體經驗和可能經驗的哲學，不但對傳統基督教的神觀有極大的貢獻，我相信在基督教本色化過程將扮演關鍵的角色。

試論懷德海的創新與
《易經》的生生之理

鄭 金 川

一、前 言

懷德海 (A. N. Whitehead, 1861–1947) 是當代英美的大哲學家，他的思想渾融宏大，通貫科學、哲學、宗教、藝術、教育等領域，博大創新，自成體系。尤其他對於科學與哲學的探討，深邃而圓融，對於自然機械論的批評，更是一針見血，獨創他那有名的「機體主義」(organism) 的哲學。正如他在《科學與現代世界》一書中所說的：

> 一切唯物論概念只能應用於邏輯思辨所產生的極抽象的實有。而持續的具體實有就是機體，因此「整體」機體的結構對於附屬機體的性質必有影響。以動物爲例，心理狀態進入了整個機體的構成中，因此對於一連串的附屬機體，直到最小的機體如電子等都有影響。……若接受這一原理，就必須放棄傳統的科學唯物論，而代之以機體論的說法❶。

懷氏打破了自然機械論的主張，而提出一套「機體機械論」(organic mechanism)❷ 的理論。使得外在的物質世界與人的內在心靈情

---

❶ *Science and the Modern World* 一書，A. N. Whitehead 著，傅佩榮譯，第五章，〈浪漫主義的逆潮〉，頁九〇，黎明文化事業公司印行，中華民國七十五年九月再版。

❷ 同上，頁九〇。

境，可以相互攝受（prehension）而成爲一個統一的整體。

至於《易經》，這部中國古老的經典中，也蘊含著極豐富的哲學思想，在〈繫辭上傳〉說道：

> 一陰一陽之謂道，繼之者善也，成之者性也。仁者見之謂之仁，智者見之謂之智，百姓日用而不知，故君子之道鮮矣！顯諸仁，藏諸用，鼓萬物而不與聖人同憂，盛德大業至矣哉！富有之謂大業，日新之謂盛德。生生之謂易，成象之謂乾，效法之謂坤，極數知來之謂占，通變之謂事，陰陽不測之謂神❸。

《易經》以「乾」「坤」二卦發端，乾爲陽，坤爲陰，陰陽作用，化成天下，化成人文。進而透過這二卦底推衍，便成爲六十四卦，把宇宙之理全部含容在這些卦象中。《易經》這種含容宇宙的道理，正如同懷氏透過「攝受」原理，把萬物看爲一彼此「入構」（ingression）的整體一樣，認爲宇宙是一個「感而遂通」❹ 而「萬物之情可見」❺ 的全體大用流行，彼此互爲因果，互爲作用，不可斷然割截。

這篇文章，便是想透過這兩者思想中的最核心 —— 即懷德海的「創新」（creativity）與《易經》的「生生」之理之對比，以收彼此觀摩與彰顯意旨異同之效也。

二、默觀哲學

懷德海在他的《歷程與實在》（*Process and Reality*）一書中，第一章劈頭便說道：

---

❸ 參見《十三經文》，頁二二，臺灣開明書店印行，中華民國七十三年七月臺九版發行。
❹ 同上，〈繫辭上傳〉，頁二三。
❺ 同上，〈咸卦象辭〉，頁二一。

默觀哲學是努力建構一套使我們的經驗的每一成素皆能被詮釋的普遍觀念的融貫的、邏輯的、必然的體系，這裏的詮釋，我意指一切我們所意識的、所享受、所知覺、所意願、或所思想、皆具有成為此一普遍總綱的一個特例之特性。這個哲學的總綱是融貫的、邏輯的、和關涉到它的詮釋、應用和充全❻。

懷氏開頭便說明他的「默觀哲學」，是針對所有的存在與經驗，作一個適切性的詮釋與統一，以構成一整體的普遍的概念的有機體系。在這裏，他提出了四個「默觀哲學」的觀念，即「融貫性」（coherent）、「邏輯性」（logical）、「應用性」（applicable）及「充全性」（adequate）。

在《歷程與實在》一書裏，他接著解釋這四者的意義：

（1）所謂的「融貫性」，意謂著基本的觀念，在範疇總綱中，預設著皆彼此相關而不能孤立，否則便會顯得沒有意義了（"Coherence"…presuppose each other so that in isolation they are meaningless）❼。

（2）所謂的「邏輯性」，有它一般的意義；包括「邏輯的一致性」（logical consistency），或者「沒有矛盾」（lack of contradiction），

---

❻　原文如下：
　　　　Speculative Philosophy is the endeavour to frame a coherent, logical, necessary system of general ideas in terms of which every element of our experience can be interpreted. By this notion of "interpretation" I mean that everything of which we are conscious, as enjoyed, perceived, willed, or thought, shall have the character of a particular instance of the general scheme. Thus the philosophical scheme should be coherent, logical, and, in respect to its interpretation, applicable, and adequate.
　　　　參見 *Process and Reality*, Edited by David Ray Griffin and Donald W. Sherburne, The Fress Press, p. 3.
❼　同上，頁三。

還有在邏輯用語裏「結構的定義」(definition of constructs)，及在特例及推論原理中，普遍邏輯概念的例證 (exemplification)❽。

(3) 至於「應用性」，是指每一普遍觀念，都有一些經驗的釋例可以詮釋(Here "applicable" means that some items of experience are thus interpretable.)❾。

(4) 「充全性」則意謂著沒有一個經驗釋例不能適用於這個普遍觀念的詮釋之體系裏的 ("adequate" means that there are no items incapable of such interpretation.)❿。

懷氏的「默觀哲學」的體系，便是要建立這個合乎「融貫性」、「邏輯性」、「應用性」及「充全性」的形上思想，在這個思想體系裏所建構的「範疇總綱」(categorical scheme)，正如懷氏所說的：

> 必須注意到的是，這個「默觀哲學」的觀念有它的「理性側面」
> (rational side) (譯按：指融貫性及邏輯性) 及「經驗側面」
> (empirical side) (譯按：指應用性及充全性) ⓫。

也就是能夠兼及形上學裏的理性側面及經驗側面，不再如同經驗主義側重在人類的主觀經驗而忽略客觀的知識對象，或者理性主義側重理智的知識對象而忽略主觀經驗內涵的毛病一般。這個注重理性面及經驗面的哲學，正是體現了懷氏自己所說的見解，卽：

> 邏輯的諧和在宇宙中係作為一種無可變易的必然性而存在，美感

---

❽　同上。

❾　同上。

❿　同上。

⓫　同上。　It will also be noticed that this ideal of speculative Philosophy has its rational side and its empirical side. The rational side is expressed by the terms "coherent" and "logical." The empirical side is expressed by the terms "applicable" and "adequate."

的諧和則在宇宙中作爲一種生動活潑的理想而存在，並把宇宙走向更細膩、更微妙的未來所經歷的斷裂過程熔接起來⓬。

三、範疇總綱及創新性

在懷氏的「範疇總綱」裏，共分四類範疇，分別是「終極範疇」(The Category of the Ultimate)、「存在範疇」(Categories of Existence)、「解釋範疇」(Categories of Explanation) 及「規範範疇」(Categorical Obligations)。 在這四大範疇中， 每一個「現實存在」(actual entity 或譯爲現實事態 actual occasion) 即爲「存在範疇」的一個特例，每一個解釋即爲「解釋範疇」的一個特例，每一個規範即爲「規範範疇」的一個特例；而「終極範疇」在這三大範疇中被預設成爲普遍的原理(The Category of the Ultimate expresses the general principle presupposed in the three more special categories) ⓭。

「終極範疇」既爲三大範疇的普遍原理，即爲範疇總綱中的總綱領，統攝了這四大範疇的思想內涵，也是懷氏《歷程與實在》一書的全篇核心，因此，筆者以下的論述，以「終極範疇」爲主，而以「創新」爲核心。

在《歷》書中，懷氏說道：

「創新」、「多」、「一」是終極的概念，關涉到（存在範疇的）事物 (thing)、存有 (being)、存在 (entity) 這些同義語詞的意義， 這三個概念完成了「終極範疇」且被預設爲所有的特殊範

⓬　參見❶，第一章，〈近代科學的起源〉，頁二一。
⓭　同❻，頁二一。

疇⓮。

在這裏，懷氏清楚的指出，所謂的「終極範疇」，實包含「創新」、「多」（many）、「一」（one）三個觀念。而這裏的「一」，並非整數的一（the integral number one），而是一個複雜特殊的概念，是非限定的「一」（a or an），及限定的「這」（the），推論的「此或彼」（this or that），及關涉的「那一個、什麼、如何」（which or what or how）的普遍觀念。而這個「多」有「分離多元」（disjunctive diversity）的概念，這個概念是存有觀念裏的一種「本質的元素」（this notion is an essential element in the concept of "being."）。因此，這「一」與「多」的關係，是極其玄妙而深奧，用懷氏的話，是——

多隱含著一，而一隱含著多。

(The term "many" presupposes the term "one," and the term "one" presupposes the term "many.")⓯

這種「多隱含著一，而一隱含著多」的哲學思想，不但和華嚴哲學的「一攝一切，一切攝一」極為相似，跟《易經》裏所說的「天下同歸而殊塗，一致而百慮」的思想，亦有異曲而同工之效也。

至於「創新」正如懷氏所說的：

在有機底哲學裏，其最後底終極可被稱為「創新」。(In the philosophy of organism this ultimate is termed "creativity.")⓰

⓮ "Creativity," "many," "one" are the ultimate notions involved in the meaning of the synonymous terms "thing," "being," "entity." These three notions complete the Category of the Ultimate and are presupposed in all the more special categories. 同上。

⓯ 同上。

⓰ 同上，頁七。

「創新」乃是共相裏的共相，用以描述終極底事物。("Creativity" is the universal of universals characterizing ultimate matter of fact.)❼

而一與多又都統攝於「創新」裏；「創新」乃是一與多的終極原理，由共相之分離 (the universe disjunctively) 便是「多」，由共相之結合 (the universe conjunctively) 便是「一」個現實事態。「創新」除了以上一多相融相攝外，還有三大原理：

(1) 創新是新奇的原理 (principle of novelty)：

一個「現實事態」是由許多的新奇存在 (novel entity) 結合而成的，「創新」涉入，「新奇」進於多元的內容裏，因此，創新的歷程，乃是由多元結合而成為一，而再由一分解而為多元，層層循環，造成一新奇的原理。

(2) 創新是一聚集的原理 (principle of togetherness)：

「聚集」(together) 是在一種「現實事態」中，包含各種不同存在的「總名」(generic term)，這個「聚集」實預設著創新、多、一、同一 (identity) 及多元 (diversity)的諸概念，這個終極的形上原理，正是由分離到結合的歷程。(The ultimate metaphysical principle is the advance from disjunction to conjunction.) 也就是說，「創新」的一個原理，便是在眾殊萬相中，走向一個單一世界的聚集原理。

(3) 創新是共生的原理 (principle of concrescence)：

懷氏說道：

「新奇的聚集之產生」之終極概念，便是在「共生」裏被表現出來。(Thus the "production of novel togetherness" is the

---

❼　同上，頁二一。

ultimate notion embodied in the term "concrescence."）⓭

這裏用「共生」來說明「新奇」及「聚集」兩種原理，做爲創新的終極原理， 彼此分享（participating）由多元到一及由一到多元的玄妙意義，這雙向的歷程作用，可說把創新的觀念，解釋的最爲精彩了。

由一、多、創新的觀念，所集結而成的「終極範疇」，不但可以清楚看到懷德海的形上思想旨趣， 而透過「創新」的作用， 由「新奇」原理、「聚集」原理、而到「新奇、聚集」的「共生」原理，共同創造了懷氏哲學裏，所有「現實存在」彼此相互彰顯，相互依託的有機世界，而這個有機世界，人的心靈情境與物質的物性不再是衝突對立，而是和諧適應了。

四、《易經》裏的生生之理

瞭解了懷氏的創新觀念以後， 我們可以很清楚的看到， 由這個思想所建構出來的宇宙觀， 當是一個「動態的宇宙觀」（dynamic cosmology），是一個充滿生機， 充滿創新的歷程。 而這個思想， 與《易經》的宇宙觀，可說是極爲相似的。

在《易經》裏，其中心的觀念，可用二個字來表示，卽「生生」，因爲重視「生生」，所以在《易經》中，提到「生」的地方也特別多，例如：「剛柔相推而生變化」、「夫乾，其靜也專，其動也直，是以大生焉」、「夫坤，其靜也翕，其動也闢，是以廣生焉」、「天地之大德曰生」、「萬物化生」、「日月相推，而明生焉」、「屈信相感而利生焉」，這裏的「生變化」、「大生」、「廣生」、「化生」、

⓭ 同上。

「明生」、「利生」，不但表現出《易經》裏所點化出萬物「自化」的充塞生機原理，更表現出《易經》所建築的世界，實際是一個充滿 dynamic cosmology 的動態宇宙，萬物各安其分，各在其位，寂然不動，感而遂通，也就是說，萬物可彼此交相感，交相利，以構成一個有機的世界。

而這個「生生」，也可以從三個側面來瞭解：

(1) 就宇宙一元論來說：

天下之動，貞夫一者也[19]。

天下何思何慮？天下同歸而殊塗，一致而百慮，天下何思何慮[20]？

這裏的「一」，便是指「太極生兩儀」的「太極」而言，也就是說，整個宇宙的成形，先由太極開始，由太極進而生兩儀，由兩儀進而生四象，四象再生八卦，八卦定吉凶，而吉凶生大業，如此，宇宙由「一」開始，再繁衍而至無數。

萬事萬物，可以歸結而為「一」，這跟懷氏所說的「聚集原理」，把多元的分離觀念，終極為單一的世界，實異曲同工也。

(2) 就散而為萬殊來看：

大哉乾元，萬物資始，乃統天[21]。

至哉坤元，萬物資生，乃順順天[22]。

一陰一陽之謂道，繼之者善也，成之者性也[23]。

由「太極」而生陰陽，陰為坤，陽為乾，乾坤作用，便成「道」，由「道」開始，創造萬物，生生不斷，大化流行，散而為萬殊，繼善

---

[19] 同❸，〈繫辭下傳〉，頁二五。
[20] 同上，〈繫辭下傳〉，頁二五。
[21] 同上，〈乾卦彖辭〉，頁一。
[22] 同上，〈坤卦彖辭〉，頁二。
[23] 同上，〈繫辭下傳〉，頁二二。

成性，便成宇宙萬事萬物了，這是順下的方向，也就是開顯的一面，把「道」具體而化的過程，而這個歷程，也正是懷氏所說的「新奇原理」，即由單一而多元的歷程。

（3）就循環的歷程來說：

由聚集到新奇，即由一到多，由元始到萬殊，再由新奇到聚集，即由多到一，由萬殊到元始，如此循環不已，這個循環的歷程，正如日往則月來，月往則日來一樣。有聚集，便必然有散殊，有散殊，必然有聚集，這正是《易經》生化的原理，如此，萬物在循環的歷程中，不斷的生生滅滅，不斷的創造生機，使得聚散互為消長，互為依存，這便是懷氏所說的「共生原理」了。

由以上《易經》的「生生」之三個歷程來看，我們可以很清楚看到這個思想體系，正如懷德海的「創新」思想一樣，充滿生生之理，充滿生氣，一多相融相攝，相依相彰，而在一多中顯出創化底奧妙與宇宙全體生發底蓬勃耀騰，充分顯示了歷程即實在，實在即歷程的動態宇宙論。

五、結　語

懷氏曾說道：

我主張哲學是對抽象概念之批判。它有雙重作用：第一是使抽象概念獲得正確的相對地位，以求得彼此的和諧。第二是直接對照宇宙中更具體的直覺，以求完成它們；因而促進更完整的思想體系之形成❷❹。

在懷氏所建立的形上學體系中，我們不難窺見歷程哲學在建構理

---

❷❹　同❺，頁九九。

性世界與經驗世界的調和的努力，而「創新」一觀念，正是懷氏終極
範疇之核心思想，也提供經驗世界與理性世界溝通的橋樑，打破心靈
情境與物性的隔膜，而由「創新」觀念所構築的世界，正與《易經》
「生生」之觀念所建構的動態宇宙，不謀而合也。

　　　　　　鄭金川識于東海哲研所
　　　　　　　一九八八、四、二十九、夜完稿

滄海叢刊已刊行書目 (一)

書　　　　　名	作　　者	類　　　別
國父道德言論類輯	陳立夫	國父遺教
中國學術思想史論叢 (一)(二)(三)(四)(五)(六)(七)(八)	錢　穆	國　學
現代中國學術論衡	錢　穆	國　學
兩漢經學今古文平議	錢　穆	國　學
朱子學提綱	錢　穆	國　學
先秦諸子繫年	錢　穆	國　學
先秦諸子論叢	唐端正	國　學
先秦諸子論叢 (續篇)	唐端正	國　學
儒學傳統與文化創新	黃俊傑	國　學
宋代理學三書隨劄	錢　穆	國　學
莊子纂箋	錢　穆	國　學
湖上閒思錄	錢　穆	哲　學
人生十論	錢　穆	哲　學
晚學盲言	錢　穆	哲　學
中國百位哲學家	黎建球	哲　學
西洋百位哲學家	鄔昆如	哲　學
現代存在思想家	項退結	哲　學
比較哲學與文化 (一)(二)	吳森	哲　學
文化哲學講錄 (一)(二)(三)(四)	鄔昆如	哲　學
哲學淺論	張康譯	哲　學
哲學十大問題	鄔昆如	哲　學
哲學智慧的尋求	何秀煌	哲　學
哲學的智慧與歷史的聰明	何秀煌	哲　學
內心悅樂之源泉	吳經熊	哲　學
從西方哲學到禪佛教 —「哲學與宗教」一集—	傅偉勳	哲　學
批判的繼承與創造的發展 —「哲學與宗教」二集—	傅偉勳	哲　學
愛的哲學	蘇昌美	哲　學
是與非	張身華譯	哲　學

滄海叢刊已刊行書目 (二)

書　　　名	作　　者	類　　　　　別		
語　言　哲　學	劉　福　增	哲		學
邏輯與設基法	劉　福　增	哲		學
知識・邏輯・科學哲學	林　正　弘	哲		學
中　國　管　理　哲　學	曾　仕　強	哲		學
老　子　的　哲　學	王　邦　雄	中	國　哲	學
孔　學　漫　談	余　家　菊	中	國　哲	學
中　庸　誠　的　哲　學	吳　　怡	中	國　哲	學
哲　學　演　講　錄	吳　　怡	中	國　哲	學
墨　家　的　哲　學　方　法	鐘　友　聯	中	國　哲	學
韓　非　子　的　哲　學	王　邦　雄	中	國　哲	學
墨　家　哲　學	蔡　仁　厚	中	國　哲	學
知　識　、　理　性　與　生　命	孫　寶　琛	中	國　哲	學
逍　遙　的　莊　子	吳　　怡	中	國　哲	學
中國哲學的生命和方法	吳　　怡	中	國　哲	學
儒　家　與　現　代　中　國	韋　政　通	中	國　哲	學
希　臘　哲　學　趣　談	鄔　昆　如	西	洋　哲	學
中　世　哲　學　趣　談	鄔　昆　如	西	洋　哲	學
近　代　哲　學　趣　談	鄔　昆　如	西	洋　哲	學
現　代　哲　學　趣　談	鄔　昆　如	西	洋　哲	學
現　代　哲　學　述　評㈠	傅　佩　榮　譯	西	洋　哲	學
懷　海　德　哲　學	楊　士　毅	西	洋　哲	學
思　想　的　貧　困	韋　政　通	思		想
不　以　規　矩　不　能　成　方　圓	劉　君　燦	思		想
佛　學　研　究	周　中　一	佛		學
佛　學　論　著	周　中　一	佛		學
現　代　佛　學　原　理	鄭　金　德	佛		學
禪　　話	周　中　一	佛		學
天　人　之　際	李　杏　邨	佛		學
公　案　禪　語	吳　　怡	佛		學
佛　教　思　想　新　論	楊　惠　南	佛		學
禪　學　講　話	芝峯法師譯	佛		學
圓滿生命的實現（布施波羅蜜）	陳　柏　達	佛		學
絕　對　與　圓　融	霍　韜　晦	佛		學
佛　學　研　究　指　南	關　世　謙　譯	佛		學
當　代　學　人　談　佛　教	楊惠南編	佛		學

書　　　　　名	作　　者	類	別
歷　史　圈　外	朱　　桂	歷	史
中　國　人　的　故　事	夏　雨　人	歷	史
老　　　臺　　　灣	陳　冠　學	歷	史
古　史　地　理　論　叢	錢　　穆	歷	史
秦　　　漢　　　史	錢　　穆	歷	史
秦　漢　史　論　稿	刑　義　田	歷	史
我　這　半　生	毛　振　翔	歷	史
三　生　有　幸	吳　相　湘	傳	記
弘　一　大　師　傳	陳　慧　劍	傳	記
蘇　曼　殊　大　師　新　傳	劉　心　皇	傳	記
當　代　佛　門　人　物	陳　慧　劍	傳	記
孤　兒　心　影　錄	張　國　柱	傳	記
精　忠　岳　飛　傳	李　　安	傳	記
八　十　憶　雙　親　合刊 師　友　雜　憶	錢　　穆	傳	記
困　勉　強　狷　八　十　年	陶　百　川	傳	記
中　國　歷　史　精　神	錢　　穆	史	學
國　史　新　論	錢　　穆	史	學
與　西方史家論中國史學	杜　維　運	史	學
清　代　史　學　與　史　家	杜　維　運	史	學
中　國　文　字　學	潘　重　規	語	言
中　國　聲　韻　學	潘　重　規 陳　紹　棠	語	言
文　學　與　音　律	謝　雲　飛	語	言
還　鄉　夢　的　幻　滅	賴　景　瑚	文	學
葫　蘆　・　再　見	鄭　明　娳	文	學
大　地　之　歌	大地詩社	文	學
青　　　春	葉　蟬　貞	文	學
比　較　文　學的墾拓在臺灣	古添洪 陳慧樺 主編	文	學
從　比　較　神　話　到　文　學	古添洪 陳慧樺	文	學
解　構　批　評　論　集	廖　炳　惠	文	學
牧　場　的　情　思	張　媛　媛	文	學
萍　踪　憶　語	賴　景　瑚	文	學
讀　書　與　生　活	琦　　君	文	學

滄海叢刊已刊行書目 (五)

書　　名	作　　者	類	別
中西文學關係研究	王潤華	文	學
文開隨筆	糜文開	文	學
知識之劍	陳鼎環	文	學
野草詞	韋瀚章	文	學
李韶歌詞集	李韶	文	學
石頭的研究	戴天	文	學
留不住的航渡	葉維廉	文	學
三十年詩	葉維廉	文	學
現代散文欣賞	鄭明娳	文	學
現代文學評論	亞菁	文	學
三十年代作家論	姜穆	文	學
當代臺灣作家論	何欣	文	學
藍天白雲集	梁容若	文	學
見賢集	鄭彥棻	文	學
思齊集	鄭彥棻	文	學
寫作是藝術	張秀亞	文	學
孟武自選文集	薩孟武	文	學
小說創作論	羅盤	文	學
細讀現代小說	張素貞	文	學
往日旋律	幼柏	文	學
城市筆記	巴斯	文	學
歐羅巴的蘆笛	葉維廉	文	學
一個中國的海	葉維廉	文	學
山外有山	李英豪	文	學
現實的探索	陳銘磻編	文	學
金排附	鍾延豪	文	學
放鷹	吳錦發	文	學
黃巢殺人八百萬	宋澤萊	文	學
燈下燈	蕭蕭	文	學
陽關千唱	陳煌	文	學
種籽	向陽	文	學
泥土的香味	彭瑞金	文	學
無緣廟	陳艷秋	文	學
鄉事	林清玄	文	學
余忠雄的春天	鍾鐵民	文	學
吳煦斌小說集	吳煦斌	文	學

書　　　名	作　者	類	別
卡薩爾斯之琴	葉　石　濤	文	學
青　囊　夜　燈	許　振　江	文	學
我　永　遠　年　輕	唐　文　標	文	學
分　析　文　學	陳　啓　佑	文	學
思　想　起	陌　上　塵	文	學
心　酸　記	李　　喬	文	學
離　　訣	林　蒼　鬱	文	學
孤　獨　園	林　蒼　鬱	文	學
托　塔　少　年	林　文　欽　編	文	學
北　美　情　逅	卜　貴　美	文	學
女　兵　自　傳	謝　冰　瑩	文	學
抗　戰　日　記	謝　冰　瑩	文	學
我　在　日　本	謝　冰　瑩	文	學
給青年朋友的信 (上)(下)	謝　冰　瑩	文	學
冰　瑩　書　東	謝　冰　瑩	文	學
孤　寂　中　的　廻　響	洛　　夫	文	學
火　天　使	趙　衛　民	文	學
無　塵　的　鏡　子	張　　默	文	學
大　漢　心　聲	張　起　鈞	文	學
回　首　叫　雲　飛　起	羊　令　野	文	學
康　莊　有　待	向　　陽	文	學
情　愛　與　文　學	周　伯　乃	文	學
湍　流　偶　拾	繆　天　華	文	學
文　學　之　旅	蕭　傳　文	文	學
鼓　瑟　集	幼　　柏	文	學
種　子　落　地	葉　海　煙	文	學
文　學　邊　緣	周　玉　山	文	學
大　陸　文　藝　新　探	周　玉　山	文	學
累　廬　聲　氣　集	姜　超　嶽	文	學
實　用　文　纂	姜　超　嶽	文	學
林　下　生　涯	姜　超　嶽	文	學
材　與　不　材　之　間	王　邦　雄	文	學
人　生　小　語 (一)(二)	何　秀　煌	文	學
兒　童　文　學	葉　詠　琍	文	學

滄海叢刊已刊行書目 (八)

書　　　　名	作　　者	類　　　　別
文學欣賞的靈魂	劉述先	西洋文學
西洋兒童文學史	葉詠琍	西洋文學
現代藝術哲學	孫旗譯	藝術
音樂人生	黃友棣	音樂
音樂與我	趙琴	音樂
音樂伴我遊	趙琴	音樂
爐邊閒話	李抱忱	音樂
琴臺碎語	黃友棣	音樂
音樂隨筆	趙琴	音樂
樂林蓽露	黃友棣	音樂
樂谷鳴泉	黃友棣	音樂
樂韻飄香	黃友棣	音樂
樂圃長春	黃友棣	音樂
色彩基礎	何耀宗	美術
水彩技巧與創作	劉其偉	美術
繪畫隨筆	陳景容	美術
素描的技法	陳景容	美術
人體工學與安全	劉其偉	美術
立體造形基本設計	張長傑	美術
工藝材料	李鈞棫	美術
石膏工藝	李鈞棫	美術
裝飾工藝	張長傑	美術
都市計劃概論	王紀鯤	建築
建築設計方法	陳政雄	建築
建築基本畫	陳崇美／楊麗黛	建築
建築鋼屋架結構設計	王萬雄	建築
中國的建築藝術	張紹載	建築
室內環境設計	李琬琬	建築
現代工藝概論	張長傑	雕刻
藤竹工	張長傑	雕刻
戲劇藝術之發展及其原理	趙如琳譯	戲劇
戲劇編寫法	方寸	戲劇
時代的經驗	汪琪／彭家發	新聞
大眾傳播的挑戰	石永貴	新聞
書法與心理	高尚仁	心理